VOCABULÁRIO DE MAQUIAVEL

VOCABULÁRIO DE MAQUIAVEL

Thierry Ménissier
Professor titular e doutor em filosofia

Tradução
CLAUDIA BERLINER
Revisão técnica
PATRÍCIA FONTOURA ARANOVICH

SÃO PAULO 2012

Esta obra foi publicada originalmente em francês com o título
LE VOCABULAIRE DE MACHIAVEL
por Les Éditions Ellipses
Copyright © Ellipses Éditons – Marketing S.A., França
Copyright © 2012, Editora WMF Martins Fontes Ltda.,
São Paulo, para a presente edição.

1ª edição 2012

Tradução
CLAUDIA BERLINER

Revisão técnica
Patrícia Fontoura Aranovich
Acompanhamento editorial
Luzia Aparecida dos Santos
Revisões gráficas
Helena Guimarães Bittencourt
Renato da Rocha Carlos
Edição de arte
Katia Harumi Terasaka
Produção gráfica
Geraldo Alves
Paginação
Moacir Katsumi Matsusaki

Dados Internacionais de Catalogação na Publicação (CIP)
(Câmara Brasileira do Livro, SP, Brasil)

Ménissier, Thierry
   Vocabulário de Maquiavel / Thierry Ménissier ; tradução Claudia Berliner. – São Paulo : Editora WMF Martins Fontes, 2012. – (Coleção Vocabulário dos filósofos)

   Título original: Le vocabulaire de Machiavel
   ISBN 978-85-7827-494-8

   1. Machiavelli, Nicolò, 1469-1527 – Vocabulários, glossários, etc. I. Título. II. Série.

11-13099   CDD-193

Índice para catálogo sistemático:
1. Machiavelli : Vocabulários : Filosofia italiana   195

Todos os direitos desta edição reservados à
Editora WMF Martins Fontes Ltda.
Rua Prof. Laerte Ramos de Carvalho, 133 01325.030 São Paulo SP Brasil
Tel. (11) 3293.8150 Fax (11) 3101.1042
e-mail: info@wmfmartinsfontes.com.br http://www.wmfmartinsfontes.com.br

Maquiavel contribuiu para dar um estilo à língua italiana e, nesse sentido, sua obra ocupa um lugar de destaque na linhagem dos grandes prosadores que vai de Boccacio a Leopardi. Contudo, ela também poderia ser considerada uma das expressões mais bem-sucedidas da experiência florentina, indissociavelmente literária, filosófica e política, principiada com Dante, continuada com Ficino e Alberti e conduzida ao seu apogeu pelo próprio Maquiavel e por Guicciardini. Comparável aos dois primeiros, Maquiavel é um autor de múltiplos gêneros (escreveu teatro cômico, poesia, novelas, muitos relatórios diplomáticos, obras políticas que se inscrevem formalmente na tradição do humanismo, obras de história e até um tratado sobre a língua); a exemplo dos outros dois, refletiu sua época concebendo a escrita como um meio de ação sobre o real. Mas não é nisso que minha atenção se concentra ao introduzir um "vocabulário de Maquiavel": este livro permite fazer justiça ao rigor de um pensamento que, não filosófico em suas fontes, dialoga de maneira crítica com a filosofia. Armado da simples língua florentina, ainda tingida de latinismos, o secretário florentino nada fica a dever aos mais rigorosos filósofos; com a obra maquiaveliana, o italiano adquiriu uma concisão extraordinária, a ponto de seus tradutores franceses sempre terem enfrentado a dificuldade de restituir essa capacidade de dizer o essencial em algumas breves palavras. Ora, a concisão é sinal aqui de um "rigor obstinado", característico do esforço do pensamento para enunciar a verdade dos homens e das situações políticas.

Essa arte de dizer forjou-se por meio de uma "escrita em estado de urgência" por ocasião das missões diplomáticas e se enriqueceu pela leitura contínua dos escritores da Antiguidade. A fonte, portanto, é dupla: por um lado, desnorteado com a surpresa da derrota italiana no jogo dos poderes da Itália de 1494, um pensamento original nasce da observação bruta da ação diplomática; por outro, os oradores e os historiadores antigos são novamente interrogados, redescobertos antes da leitura dominante desenvolvida pelo humanismo. Outro aspecto, fundamental, a isso se soma: a dimensão dialógica da escrita maquiaveliana. Foi sobretudo na correspondência familiar entre Francesco Vettori, embaixador florentino em Roma, e um Maquiavel obrigado pelos Medici a permanecer afastado da ação, que este último se tornou o autor de *O príncipe* e dos *Discursos sobre a primeira década de Tito Lívio*. Graças a um diálogo muito preciso, o exame das decisões políticas e a análise do que as motiva em seus autores devolvem à razão seu domínio sobre o real. Ademais, nessas mesmas obras, impressiona o modo como o secretário florentino adota o modo da discussão (ora com seu leitor, ora consigo mesmo) como uma verdadeira matriz para a compreensão da política. Duas consequências: por um lado, a grande mobilidade que caracteriza o discurso maquiaveliano provém da mudança permanente de ponto de vista que a interlocução possibilita; foi ela que, desconcertando o leitor habituado à linearidade da demonstração filosófica (somada a traduções francesas pouco confiáveis), contribuiu por vezes para desqualificar Maquiavel como um autor pouco rigoroso. Por outro lado, a dimensão dialógica do pensamento maquiaveliano amplifica sua extraordinária percepção dos problemas. Ora, é justamente por todos ou quase todos os enunciados do florentino se caracterizarem por uma grande problematicidade que é vantajoso olhar sua obra como um novo começo para o pensamento político – a dificuldade está em conseguir encarar as questões com a mesma audácia que ele.

Gostaria de reproduzir esse rigor e essa percepção do problema e, assim, contribuir para a valorização da fecundidade filosófica do pensamento de Maquiavel. Esta reside tanto numa pretensão de verdade em relação à política em crise quanto numa reflexão tão radical sobre suas categorias fundamentais que ela desafia a filosofia. Assim provocado, qualquer filósofo interessado em política deve a si próprio e à filosofia embarcar um dia ou outro na travessia da obra maquiaveliana! Um conselho antes da partida: frequentá-la de alguma maneira no original italiano, o mais perto possível de suas finas nuanças e amiúde tão fulgurante. E uma última recomendação: nunca perder de vista o quanto a ironia – essa distância intencional entre a palavra e o pensamento – pode funcionar como motor da escrita. Querer se tornar um honesto leitor de Maquiavel supõe um perpétuo trabalho de regulagem, destinado a avaliar a que distância o autor está do que escreve. Aos que se supunham dispensados disso, a leitura do secretário florentino reserva algumas penosas descobertas, como esta confidência a Francesco Guicciardini na carta de 17 de maio de 1521: "Quanto às mentiras dos habitantes de Carpi, posso facilmente me comparar a eles, porque faz um tempo que me tornei doutor nesse assunto […]. De fato, faz um bom tempo que eu jamais digo o que penso ou jamais penso o que digo, e, se por vezes me acontece dizer a verdade, escondo-a entre tantas mentiras que fica difícil encontrá-la."

Amigos

It.: *Amici* – Fr.: *Amis*

* Em *O príncipe* (XV), Maquiavel destaca a necessidade de o príncipe, tendo chegado à frente do Estado, governar seus súditos e fazer amigos; esse duplo imperativo evidencia as condições de perenização do poder. A estabilização das amizades não é menos fundamental para a arte de governar que o comando. Reduzida à sua formulação mais elementar, a arte política do príncipe tem como fim permanecer o máximo de tempo possível senhor de seu Estado, e seu meio é um duplo vínculo, o da sujeição e o da aliança.

** Essa formulação também permite compreender o problema fundamental da política assim entendida. De fato, na conquista – considerada como a situação paradigmática em assuntos políticos, por ser ao mesmo tempo a mais delicada de realizar e a mais difícil de pensar –, fazem-se inimigos necessária ou estruturalmente: temos por inimigos aqueles que derrotamos para entrar no país conquistado, mas também aqueles que nos permitiram entrar nele, pois estes logo se decepcionam depois de terem esperado uma melhora de situação mais significativa (P^1, III: "Assim, tens como inimigos todos os que ofendeste ao ocupar aquele principado, além de não poderes manter como amigos os que te colocaram ali, pela impossibilidade de satisfazê-los conforme imaginavam"). Fazer política é, portanto, fazer inimigos; o inimigo é o produto natural da política entendida como conquista. Nessa concepção da política, a violência e o conflito são, por conseguinte, fatos. Por isso é que os amigos devem ser postos no mesmo plano que as armas, pois eles mesmos são armas não desprezíveis, ainda que os meios violentos pareçam superiores a eles, pois quem tem "boas armas" é capaz de se impor ao outro e, assim, pode ter bons amigos (cf. *P*, XIX).

*** Maquiavel também recomenda um exercício permanente de discernimento da qualidade das amizades: o líder político, seja ele um príncipe ou um responsável republicano, tem necessidade de estar intelectualmente vigilante quanto à natureza das amizades que ele mantém; pode-se até avaliar a inteligência política pela capacidade de entender que convém declarar-se "um verdadeiro amigo ou um verdadeiro inimigo" (*P*, XXI) e, a partir daí, quais alianças são necessárias, possíveis ou perigosas (por exemplo, *P*, IX: a situação em que o príncipe, não podendo escolher suas amizades, é obrigado a preferir a do povo à dos grandes; e XIX no seu conjunto). Para chegar ao poder e para nele permanecer, todo dirigente tem de distinguir, por um lado, quem tem interesse em se tornar seu amigo, por outro, quem ele pode levar a se decidir por uma aliança com ele. Assim como a conquista é a expressão preliminar do legítimo desejo de adquirir, o amigo é a questão fundamental da política. Portanto, com essa noção de amizade revela-se a representação maquiaveliana da política: num mundo habitado por desejos antagônicos e atravessado pela desconfiança, o projeto de estabilizar o poder, que permite esperar uma perenização do Estado, leva a um empenho para a constituição de amizades. Apenas por um aparente paradoxo é que a questão da cooperação é central aí: a rivalidade natural dos interesses absolutamente não impede sua convergência; ao contrário, o caráter sempre coletivo da vida política torna essa convergência necessária. Pode-se portanto dizer que Maquiavel repensou as condições de uma nova *philía*: enquanto Aristóteles subordinava a amizade baseada na utilidade mútua àquela que visa a virtude (*Ética nicomaqueia*, VIII, 3-5), o florentino atribui à arte política a tarefa fundamental de consolidar as relações entre homens cujos desejos e interesses levam naturalmente ao antagonismo. A esse título, ele é o primeiro pensador moderno da política, porque, considerando a diferença entre seus meios e seus fins, ela passa daí em diante a só poder ser considerada como problema.

1. Uma lista das abreviações encontra-se na p. 65.

Autoridade

It.: *Autorità* – Fr.: *Autorité*

* Confrontado com uma crise de comando e das instituições que afetou tanto Florença quanto a Itália, Maquiavel questionou tão profundamente as condições da autoridade que ficaríamos tentados a crer que sua obra só pode ser entendida como uma pesquisa sobre a natureza dela. A autoridade designa o que confere um incremento ao poder, de modo tal que o reconhecemos e a ele nos submetemos; por isso, ela acompanha o comando [*imperio*], pois este não pode ser efetivo sem a adesão daquele que obedece; portanto, a autoridade é aquilo a que se obtempera sem recorrer à força ou à persuasão.

** Ora, a concepção maquiaveliana da autoridade não percorre as vias clássicas traçadas pelos filósofos gregos e latinos: ela não se apoia sobre a ideia de que a lei ou a pessoa do chefe possuem uma superioridade intrínseca, pois Maquiavel naturalizou de certo modo as fontes da autoridade. Há, com efeito, três causas que fazem um homem obedecer a outro e, assim, submeter-se à vontade deste, todas elas passionais: o amor, o temor e a admiração. As fontes passionais diretas que são o amor e o temor estão elas mesmas hierarquizadas: mais vale ser temido que amado (cf. *P*, XVII), e isso leva a legitimar em certas situações precisas a crueldade como meio de se fazer obedecer, conforme o exemplo do cartaginês Aníbal. Quanto à admiração, ela está fundamentada no "prestígio"[1] (*reputazione*): o que produz no indivíduo o assentimento ao comando é a imagem de grandeza que consegue dar de si aquele que exerce o comando, a ponto de lhe atribuírem mais poder do que ele possui; a autoridade obtém-se nesse caso pela mediação do desejo, que sempre aumenta o valor de seu objeto. Assim, a *reputazione* permite evitar ser derrubado por golpes de Estado: "O príncipe que suscita essa opinião de si mesmo é altamente reputado (possui grande prestígio), e dificilmente se conjura contra quem é bem reputado (está rodeado de prestígio), como também dificilmente o atacam, posto que ele é excelente e reverenciado pelos seus" (*P*, XIX). Graças a essa noção de "prestígio", Maquiavel não prejulga a excelência moral de quem exerce o poder, limita-se a notar os efeitos comportamentais da convicção dos súditos, que se produz pela reputação de excelência. Sua ideia central aqui é que a convicção dos súditos favorável ao príncipe ou ao chefe republicano é a melhor fonte da força política. Por conseguinte, a teoria da autoridade assim entendida parece ocupar literalmente o lugar que terá a noção de soberania do Estado em Bodin e Hobbes: o que mantém o Estado não é a soberania de um ser abstrato, são antes os efeitos reais do trabalho realizado pelo dirigente político com o intuito de mobilizar a convicção de seus súditos.

*** No entanto, Maquiavel convida seu leitor a considerar a noção de autoridade como um eterno problema colocado para os governantes. Em primeiro lugar, uma autoridade excessiva ou percebida como tal é sempre causa de insubordinação, e os homens, por serem naturalmente submetidos ao desejo, caracterizam-se pela tendência a preferir seu interesse pessoal ao da nação (seja qual for a forma política desta). Portanto, o dirigente encontra-se numa situação contraditória: por um lado, a melhor autoridade é aquela que menos se vê; por outro, ele deve lembrar regularmente que sua autoridade é real e até que ponto ela é importante para a nação. Donde o conselho de regularmente "retomar o Estado" (*D*, III, 1), sublinhando a presença da autoridade mediante uma ação admirável capaz de devolver o vigor inicial ao laço político. Pois, obtendo êxito nisso, o governante sublinha que a vida do próprio Estado repousa na adesão de cada um à sua autoridade. Em segundo lugar, composto em situação de crise, o pensamento maquiaveliano parece habitado por uma tensão constante entre o reconhecimento de uma autoridade partilhada entre várias instâncias e o primado da autoridade pessoal, necessária para reavivar as forças da nação no auge do perigo. Num caso, a grandeza de Roma é celebrada na medida em que a autoridade era partilhada entre o Senado, os cônsules e os tribunos do povo (*D*, I, 2 a 6) – assim, a autoridade nunca deve ficar tão concentrada nas mãos de um só homem e por tanto tempo que não se possa recompor a situação quando o Estado está em perigo (cf. *D*, I, 50, e III, 24). Noutro, quando a corrupção é tão grande que a cidade está ameaçada de uma explosão definitiva, é vantajoso para a autoridade estar concentrada nas mãos de um só homem (*D*, I, 16 a 18, e I, 55). Há aí um verdadeiro ponto cego da teoria de

Maquiavel, pois como conciliar essa necessidade e a preservação da liberdade (*D*, III, 28)? Fica-se compelido a torcer para que esse homem seja antes como Rômulo do que como César, antes fundador de uma república do que seu coveiro (*D*, I, 9 e 10).

1. A tradução de *reputazione*, nas edições utilizadas para traduzir as passagens da obra de Maquiavel citadas neste vocabulário, é reputação; o autor, entretanto, prefere *prestige* (prestígio), pelo que o termo é mantido no comentário e a tradução literal do francês é indicada na passagem citada entre parênteses.

Conselho

It.: *Consiglio* – Fr.: *Conseil*

* Maquiavel exerceu pessoalmente a função de conselheiro: secretário da segunda chancelaria da Senhoria florentina (encarregada das relações exteriores), foi várias vezes emissário do poder republicano junto das potências italianas e europeias, e também o conselheiro pessoal do gonfaloneiro Piero Soderini. Portanto, conhecia particularmente bem as dificuldades e os riscos ligados a essa função (cf. *D*, III, 35, e I, 39). Por isso, Maquiavel deve ser visto como um profissional do ramo, cuja obra traz profundamente a marca do conselho. Primeiramente, ela compreende vários pequenos escritos que só podem ser entendidos como tentativas de informar um ou mais chefes políticos sobre uma questão precisa (ver, em particular, o *Discursus Florentinarum rerum* de 1520, que instrui os Medici sobre a questão do melhor governo em Florença). Em seguida, o conselho parece ser o paradigma de seu pensamento, pois foi graças a essa noção que Maquiavel tanto suscitou a relação entre reflexão e ação. Assim o conselho é a forma privilegiada do pensamento político, que deve possibilitar a este decidir prontamente e ter sucesso na ação (cf. as epístolas dedicatórias de *P*, *D*, *AG* e *HF*; também *D*, II, 15; e *AG*, IV, 120).

** Seguem-se daí duas consequências: por um lado, é impossível ler Maquiavel sem reconstituir as condições históricas e políticas de suas palavras, pois jamais se pode universalizar *a priori* o que ele declara. Cumpre, portanto, entender que ele se inscreve numa perspectiva muito diferente da atitude filosófica tradicional quando faz a dedicatória de *P* destacando, para seu destinatário, os lugares respectivamente ocupados pelo príncipe Medici e pelo escritor exilado que ele é, e revelando o antagonismo existente entre eles: nessa concepção da política, nenhuma pesquisa desinteressada do universal é possível e o bem comum, que talvez deva ser construído na sociedade dos homens, não é, em todo caso, um princípio que se possa enunciar *a priori* para orientar a reflexão. Contudo, afirmar a impossibilidade de universalizar a escrita e o pensamento não implica abdicar de nenhuma pretensão à verdade em matéria de política. Ao contrário, esta é até uma chave de leitura: pelo fato de as circunstâncias de composição não serem exteriores ao que é dito e porque os valores defendidos pelo autor e pelo leitor talvez sejam opostos, a compreensão passa, necessariamente, primeiro por uma avaliação da posição do autor em relação ao que ele enuncia e ao modo como o enuncia, e em seguida por um diálogo crítico com ele. Por isso é que se deve dizer que as obras de Maquiavel exigem ser *meditadas*.

Por outro lado, pode-se afirmar que Maquiavel explorou os recursos da disciplina histórica clássica, herdada dos gregos e dos latinos, em proveito do conselho político. Assim como o capitão não deve deixar passar nenhum momento sem tentar apreender algo do meio em que é obrigado a se movimentar, o bom político se dedica à leitura dos historiadores (*P*, XIV). Na correspondência com Francesco Vettori, percebe-se de que maneira a autoridade de Aristóteles é posta de lado em prol de uma análise da situação que procura nos historiadores antigos uma fonte de elucidação do presente (cf., por exemplo, a carta a Vettori de 20 de agosto de 1513). Maquiavel descobre na disciplina historiográfica como esclarecer sua "longa experiência das coisas modernas" por meio da "contínua leitura das antigas" (*P*, epístola dedicatória); abandonando a dimensão narrativa original do gênero histórico, insiste na sua dimensão política. Adaptando o relato dos historiadores às situações que ele observa no presente, acaba extraindo verdadeiros esquemas da atitude política, que se apoiam num conhecimento profundo da lógica passional; desse modo, o conselho, embora sempre circunstanciado, dá paradoxalmente acesso a uma sabedoria prática ou prudência.

*** Na relação entre o conselho e a virtude reside, ademais, uma dificuldade temível. Em primeiro lugar, Maquiavel expõe certa solidão do dirigente: o príncipe ou o chefe republicano parecem ter de se aconselhar a si mesmos e finalmente confrontar-se diretamente com os fatos (*AG*, VII, 217: "Aconselha-te com muitos sobre as coisas que deves fazer; o que depois pretendes fazer conta-o a poucos", e *HF*, VI, 13: "Contudo [o conde Sforza] resolveu enfrentar a fortuna e buscar conselho de acordo com os acidentes desta; porque, ao agir, descobrem-se amiúde aquelas opiniões que, se não nos tivéssemos mexido, teriam ficado escondidas"). Em seguida, os capítulos XXII e XXIII de *P* revelam a dificuldade em toda a sua extensão: assim como os maus príncipes aceitam conselhos de onde quer que venham e, assim, perdem toda autoridade, os bons príncipes são capazes de discernir se um conselho é pertinente ou não; portanto, possuem a capacidade como *a priori* de avaliar o valor de um conselho e de um conselheiro, e eles dispõem, ao menos virtualmente, da compreensão das situações sobre as quais têm de decidir. Aliás, Maquiavel os estimula a se afastar dos conselheiros, que se tornaram supérfluos. Em outras palavras, qualquer que seja a influência da educação, a virtude não pode ser ensinada pelo conselho: este é necessário para instruir o juízo, mas não pode formá-lo; é, ao contrário, a virtude que o engendra e lhe confere sua pertinência. Portanto, apesar das aparências, Maquiavel está nesse ponto mais próximo de Platão do que de Aristóteles, porque sua argumentação evoca algo do paradoxo do *Mênon* (80 d-e: para poder reconhecer o que se busca, primeiro é preciso possuir algo dele). Embora a anedota segundo a qual o destinatário de *P* preferiu outro presente (cães de caça) talvez seja historicamente falsa, ela se revela aqui muito interessante: príncipe não sagaz, o duque de Urbino estava impossibilitado de receber conselhos e de agir com sucesso, pois era em primeiro lugar incapaz de reconhecer o valor do conselho maquiaveliano. Portanto, é à fortuna que cumpre se remeter para fazer aparecer um príncipe sagaz; ora, o encontro de um príncipe virtuoso com uma ocasião favorável é muito raro (cf. *AG*, VII, 219, e *VCC*).

Desejo
It.: *Desiderio* – Fr.: *Désir*

* "É de fato muito natural e ordinário o desejo de conquistar [*È cosa veramente molto naturale et ordinaria desiderare di acquistare*], e, quando os homens que podem o fazem, sempre são louvados e não reprovados; mas, quando não podem e querem realizá-lo de qualquer modo, eis o erro e a reprovação" (*P*, III). Essa famosa proposição significa duas coisas: por um lado, o desejo, realidade natural, é, junto com a necessidade, a mola mais poderosa da ação humana (cf. em *D*, II, 4 o exemplo dos gauleses que se estabeleceram na Itália romana, "movidos ou pela necessidade, ou pela doçura dos frutos, e sobretudo do vinho"); por outro lado, como o desejo é conforme à natureza das coisas, a razão nada ganha condenando sua expressão. Por isso, essa proposição incita a um programa de reforma do trabalho da razão, já que a análise da relação entre meios e fins permite otimizar a expressão do desejo e, assim, ter a esperança de fortalecer o homem.

** O desejo se caracteriza a um só tempo como apetite de conquista, tendência ao prazer e vontade de reconhecimento – declinando-se esta última por sua vez em aspiração a comandar ou a dominar outrem e em ambição, que se traduz por um desejo de glória (*gloria*). Define-se, ademais, em função da posição dos indivíduos no jogo social (por exemplo, Maquiavel escreve que os grandes "desejam comandar e oprimir o povo", ao passo que este deseja não ser comandado nem oprimido, cf. notadamente *P*, IX).

No entanto, o desejo não é uma realidade simples. Primeiramente, para saciá-lo e ficar apaziguado não basta saber que ele pode ser satisfeito e como. De fato, uma vez contentado ele renasce e descobrimos que é insaciável. Como está explicado em *D*, III, 6, a respeito das conjurações, os que mais facilmente conspiram contra o príncipe não são aqueles a quem tudo falta, mas, ao contrário, aqueles que estão plenamente satisfeitos do ponto de vista da riqueza e das honras – tendo quase chegado à "perfeição da potência", falta-lhes o poder de ser obedecido e reconhecido por todos (*imperio*), ou seja, o essencial. Além disso, "a natureza criou os homens de tal modo que eles podem desejar tudo, mas não podem obter tudo, e, assim, sendo o desejo sempre maior que o poder de adquirir, surgem o tédio e a pouca satisfação com o que se possui" (*D*, I, 37). Por conseguinte, o mais liberado desejo não pode gerar nenhuma satisfação duradoura ou real; provoca, ao contrário, "o contínuo descontentamento nas mentes humanas e o fastio das coisas possuídas [*ne risulta continuamente un mala contentezza nelle menti umane e uno fastidio delle cose che si posseggono*]" (II, prefácio). Os únicos remédios de que o homem dispõe para não sofrer por seu desejo são ou a aceitação da pobreza, ou um conhecimento escrupuloso da capacidade de aumento das próprias posses. Maquiavel emprega aqui a metáfora do crescimento de uma árvore que, se crescer rápido demais para o alto sem se enraizar com bastante solidez, será vítima do peso de seus galhos (cf. sobre os principados *P*, VII, e sobre as repúblicas *D*, II, 3).

*** Como o desejo é uma das móbiles mais potentes da ação humana, os governantes ou aqueles que aspiram a sê-lo têm de conhecer e dominar o máximo possível seus efeitos no domínio político. Em primeiro lugar, é porque todos os homens desejam e a fortuna torna suas posses frágeis e efêmeras que é sempre preciso postular seu despeito e sua maldade: todo aquele que empreende uma ação política "precisa pressupor que todos os homens são maus" (*D*, I, 3). Não o são por natureza, mas devido à diferença entre o caráter essencial do desejo e a contingência de sua satisfação. Em segundo lugar, os dirigentes devem avaliar a quantidade e a qualidade das frustrações que sua ação gera; a arte política consiste, portanto, num cálculo da menor insatisfação (cf., por exemplo, esta recomendação: "Mas, sobretudo, deverá abster-se dos bens alheios, porque os homens esquecem mais rapidamente a morte do pai do que a perda do patrimônio", *P*, XVII). Em terceiro lugar, os governantes podem utilizar o desejo e suas decepções em proveito próprio e para o bem do Estado. O exemplo é César Bórgia, que, ao mandar executar publicamente seu governador da Romanha, proporcionou ao povo um espetáculo que o vingava simbolicamente, ofereceu-lhe um sucedâneo de prazer e o apaziguou deixando-o "ao mesmo tempo, satisfeito e estupefato" (*P*, VII). E à sua volta, dentro de seu próprio governo, os dirigentes devem organizar o funcionamento da dinâmica desejante, que assenta ao mesmo tempo no fato de que o desejo sempre aumenta o valor dos objetos cobiçados e de que ele é em grande medida identificador: "logo, [os príncipes] devem dar aos amigos tanta autoridade que entre estes e o principado haja algum intervalo [*qualche intervallo*], e que de permeio haja alguma coisa para desejar: do contrário, raro será o caso de não lhes ocorrer o que aos príncipes supracitados ocorreu [serem derrotados por conspirações]" (*D*, III, 6). A vigilância do príncipe para manter o Estado deve, portanto, adotar a forma de uma atenção constante ao desejo de seus próximos, pois só o salva da conspiração a perpétua invenção de novos objetos transicionais, ao mesmo tempo semelhantes ao verdadeiro poder e substancialmente diferentes dele.

Estado

It.: *Stato* – Fr.: *État*

* Ao se declarar especialista em assuntos políticos, Maquiavel emprega a expressão *arte dello stato* (cf. as cartas a Francesco Vettori de 9 de abril e de 10 de dezembro de 1513), em que se escuta algo que lembra a construção do Estado moderno; aliás, na condição de alto funcionário da Senhoria florentina, ele mesmo se viu envolvido na história dessa construção. Contudo, ainda que muito empregado na sua obra, o termo *stato* nunca parece poder ser entendido na sua acepção moderna, ou seja, como a instituição impessoal e todo-poderosa que coordena os dispositivos legislativo, executivo e judiciário e por eles se exprime; em geral, não é nem mesmo o poder de fazer e desfazer leis. Em Maquiavel, *stato* remete quase sempre ao estado de alguém, de um príncipe, de uma família, de um grupo constituído na cidade ou de um povo. O *stato* é, portanto, domínio, território, possessão e, particularmente, propriedade. Essa série de acepções remete diretamente ao problema que o secretário levantou no conjunto de sua obra: como conquistar e depois conservar o máximo de tempo possível sua conquista? Em outras palavras, como permanecer, enquanto possível, sujeito da sua própria ação política? Quais devem ser os modos de ser do sujeito político, quando este é um indivíduo ou um grupo de homens cuja ação visa conquistar o poder e cuja vontade é permanecer à sua frente? Portanto, a teoria política maquiaveliana parece se incluir na problemática da arte de governar e não na da construção do Estado.

** No entanto, na obra de Maquiavel desponta inegavelmente algo do Estado moderno, que se define pela soberania. Embora não pense exatamente a sua realidade, estimula o príncipe – isto é, qualquer sujeito político – a constituir seus atos de governo como atos de soberania. Nos atos de governo do príncipe, há de fato mais que a manifestação de seu domínio da arte de governar; o príncipe está na origem do poder político e deve estabelecer que, no interior de seu principado, assim como nas relações que este mantém com as outras potências, ele é sua origem única ou ao menos domina suas fontes. Daí, no exercício do poder, a existência de certo número de aspectos que a problemática da soberania moderna reconhece como fundamentais: ter o monopólio da violência física, se possível legítima, exercer a justiça ou ao menos controlar seu exercício, não depender de nada nem de ninguém na medida do possível, tomar a iniciativa da guerra e da paz (cf. *P*, VII, o exemplo de César Bórgia, em particular a instrumentalização da justiça e sua espetacularização na execução do governador Rimirro de Orco). Assim, várias passagens recomendam tornar-se o artesão do próprio destino por meios autônomos que reforcem a independência, apoiando-se o mínimo possível nos outros. Há nisso uma clara formulação do elemento propriamente político que está na base da concepção moderna da soberania: foi enquanto poder político que o Estado conquistou a possibilidade de ser reconhecido tanto dentro como fora, possibilidade esta que o direito consagrou em seguida – e isso, numa concepção da política que legitima o recurso às armas. Ora, se esta é a situação ideal para o príncipe, ela também vale para os regimes republicanos: o que acabamos de escrever a respeito dos "atos de soberania" do príncipe é totalmente válido para as nações nas quais se delibera sobre o poder, como o Senado fazia na Roma republicana (cf. *D*, I, 4-6, e II, 1 e 2).

*** O secretário florentino teve, portanto, uma intuição muito aguçada de certo número de problemas suscitados pela teoria moderna da soberania do Estado, ainda que nele não encontremos uma representação acabada deste. O príncipe ou os responsáveis políticos republicanos estão na origem das leis, decidem sobre a guerra e a paz, julgam ou executam a justiça. Como são considerados os instigadores da política interna e externa de seu Estado, a distância entre seus atos de governo e o reconhecimento do caráter soberano de seu poder é um problema constante. A questão que se coloca para eles não é somente conseguir legitimar o poder exercido de fato, mas recompensar a falha estrutural de legitimidade da prática política. Maquiavel explorou vários caminhos para reduzir essa distância. Em primeiro lugar, a autoridade pessoal é o poderoso auxiliar do poder de fato; paralelo a este é o caminho traçado pelo caráter hereditário do poder, porque a tradição desempenha um papel importante na constituição de uma autoridade reconhecida e, portanto, eminente. A conservação do poder no tempo depende apenas de sua legitimação, e as tradições desempenham sempre um papel capital na perenidade de um Estado, quando não, idealmente, na sua perpetuação (cf. *P*, III), o que sugere que se deva pensar antes a perenidade do Estado do que a posse pessoal do *stato*. Enfim, Maquiavel emite vários comentários sobre a majestade [*maestà*] que lembram certos aspectos da soberania moderna. Embora ela não seja, na sua obra, a dignidade juridicamente consagrada no exercício do *imperium* que caracterizava os magistrados romanos, graças a ela é possível ressaltar a efetividade de um poder reconhecido para além da autoridade pessoal do indivíduo que o exerce. A palavra é, então, diretamente sinônimo da necessária *dignitas* da pessoa real ou imperial (cf. *P*, XIX, o exemplo negativo do comportamento do imperador Cômodo, que não soube conservar a dignidade de sua posição e por isso acabaram conspirando contra ele e matando-o). Aqui, não é o carisma pessoal que se impõe imediatamente a outrem, é o reconhecimento do valor de uma hierarquia de dignidades que confere sua densidade à pessoa individual que nela se inclui. Essa intuição da majestade própria da instituição culmina nas reflexões de Maquiavel sobre a monarquia francesa (cf. *P*, IV, a comparação com a monarquia turca; e o *Retrato das coisas de França* composto em 1510), que destaca a importância da majestade da coroa (distinta da autoridade da pessoa do rei), e o papel desempenhado pelo Parlamento como terceiro juiz entre o povo e os grandes. A intuição que Maquiavel tem da majestade do Estado repousa afinal de contas no reconhecimento da superioridade das leis: "assim como duraram muito os estados dos príncipes, também duraram os estados das repúblicas, e que ambos precisam ser regulados por leis [*regolato dalle leggi*], porque um príncipe que pode fazer o que quer é louco; um povo que pode fazer o que quer não é sábio" (*D*, I, 58). Nessas condições, a expressão "manter o Estado" [*mantenere lo stato*], tão frequentemente usada por Maquiavel, remete menos à problemática da arte de governar do que ao reconhecimento tipicamente moderno da grandeza do Estado.

Extraordinário

It.: *Straordinario* – Fr.: *Extraordinaire*

* Maquiavel emprega com frequência a expressão "modo extraordinário" [*modo straordinario*], e às vezes até transforma o adjetivo em substantivo ("o extraordinário", *lo straordinario*) para designar o recurso aos meios que fogem ao comum. Esses meios, ou seja, aqueles que são da ordem da violência, costumam ser proscritos pela política porque sua finalidade é fazer o Estado durar. Trata-se, pois, de utilizar politicamente o que se opõe à finalidade normal da política. Ninguém melhor que Maquiavel teorizou as condições políticas do estado de exceção, embora estivesse bem consciente de ter sido precedido nisso pelos romanos, já que examina o significado do dispositivo constitucional da ditadura (cf. *D*, I, 34). A arte do príncipe reside em grande medida na sua capacidade de perceber a justa relação entre os "modos ordinários" e os "modos extraordinários". Note-se também que, nesse ponto, Maquiavel faz o contrário daquilo que costuma ser acusado: não banaliza nem um pouco o recurso à violência; ao contrário, pelo uso da noção de "extraordinário", ressalta a gravidade extrema desse recurso.

** O que chama a atenção nessa insistência no "extraordinário" é que ela desqualifica por princípio toda concepção da política como gestão dos homens e das coisas. O príncipe sagaz é obrigado a sensibilizar as consciências realizando ele mesmo ações excepcionais, mas deve igualmente explorar o que ocorre de extraordinário em seu Estado, ainda que não seja ele o autor: "Também é proveitoso para um príncipe dar exemplos raros de si mesmo sobre o governo das coisas internas [...]. Quando se apresenta a ocasião de alguém realizar uma coisa extraordinária, para o bem ou para o mal, na vida civil, deve-se encontrar um modo de premiá-lo ou de puni-lo que dê muito o que falar" (*P*, XXI). Essa instrumentalização do excepcional é necessária porque o príncipe ou o chefe republicano são levados a transcender as condições normais do exercício político para tornar aceitáveis as modificações que introduzem (ver a execução espetacular comandada por César Bórgia de seu próprio governador da Romanha em *P*, VII). O comportamento habitual dos homens é tal que, para tornar uma mudança suportável, é preciso literalmente convulsionar sua vida ordinária: "quanto a inovar tais ordenações de uma só vez, quando todos reconhecem que não são boas, digo que essa inutilidade, embora facilmente reconhecível, é difícil de corrigir; porque, para tanto, não basta usar medidas ordinárias, visto que os modos ordinários são maus; mas é necessário recorrer ao extraordinário, como a violência e as armas, tornando-se, antes de mais nada, príncipe em tal cidade, para poder dispô-la a seu modo" (*D*, I, 18). A estabilização do Estado, tão custosamente conquistada, é posta em questão apesar de todos concordarem em reconhecer que são necessárias mudanças para melhor viver juntos. Vê-se assim que a política é a arte de fazer coexistir homens que não são feitos para isso: por serem como pequenas aves de rapina que não veem uma ave maior mergulhar sobre elas porque estão obnubiladas por uma presa (cf. *D*, I, 40), estão dispostos a arruinar a vida em comum tirando proveito da fragilidade gerada pelas mudanças constitucionais. Obrigam portanto o príncipe a adotar medidas provisórias excepcionalmente duras, paradoxalmente destinadas a lhes devolver a possibilidade da vida em comum.

*** A colocação em primeiro plano do extraordinário não decorre apenas de uma problemática da arte de governar, que se pretende realista por enfatizar o fato de que os homens são dominados pelo desejo e pelas paixões. Maquiavel situa a reflexão sobre política no que se poderia chamar de trágico histórico. É a consequência filosófica da impossibilidade de entender a política como uma gestão dos homens e das coisas: o caráter estruturalmente instável da experiência do poder (devido tanto à natureza do desejo dos homens quanto à condição temporária deles, já que a própria fortuna é comumente qualificada de "força extraordinária") implica que, para fundar e manter o Estado, é preciso interromper regularmente o curso normal dos acontecimentos. A saúde do Estado necessita de uma refundação regular (*D*, III, 1). O recurso ao extraordinário significa, no plano político, a utilização da violência e de sua encenação, mas ele tem implicações mais fundamentais para entender a existência política. Poder-se-ia dizer que com isso o pensamento maquiaveliano fornece uma representação da existência humana considerada do ponto de vista da política. Significa que, por recorrer ao extraordinário, o príncipe é o imprevisível criador das normas de que a cidade precisa, e a política nos ensina que o tempo dos homens oscila sempre entre inovações radicais e esperança de continuidade do Estado. A problematicidade dessa tese é evidente: a continuidade do Estado só se obtém assumindo conscientemente bem como constantemente o risco de perder tudo. Portanto, não há nada mais exatamente maquiaveliano que a fórmula do jovem Tancredo em *O Leopardo*, de Lampedusa:

"se quisermos que tudo continue, é preciso primeiro que tudo mude".

Fortuna

It.: *Fortuna* – Fr.: *Fortune*

* A noção de fortuna foi herdada de uma dupla tradição e adaptada por Maquiavel para seu próprio uso. A primeira fonte é antiga: se foi Aristóteles quem começou a lhe arranjar um espaço na sua concepção filosófica e em política (cf. *Física*, II, 4-6; *Política*, V, 3), foram Políbio, Tito Lívio e Plutarco que analisaram sua influência sobre a história humana. A segunda, moderna, é a dos mercadores florentinos que procuraram refletir sobre sua prática – a fortuna é aqui "fortuna de mar", significando o risco que o cálculo do mercador deve prever na medida do possível. Sinônimo de acaso em Maquiavel, ela é um poder disruptivo que causa estragos na história. Esta última caracteriza-se pelo desenvolvimento do desejo natural de conquistar, que leva as nações a brigarem e a quererem dominar umas às outras. Portanto, a fortuna é o nome dado à inconstância das coisas, à qual Maquiavel reconhece um poder criativo. É às vezes personificada pelo autor, principalmente na famosa imagem que a compara a uma mulher caprichosa que só concede seus favores a quem souber maltratá-la (*P*, XXV). Por fim, ela é "o árbitro de metade das nossas ações" (*ibid*.), a outra metade das empresas humanas permanecendo, sempre em princípio, livre de sua influência, ou seja, gerada apenas pela virtude.

** Excetuando-se alguns textos em que a fortuna é caracterizada como uma vontade que orienta intencionalmente a ação de alguns homens (por exemplo *D*, II, 29), ela é, portanto, apenas um princípio de disrupção dos cálculos humanos, princípio necessário de ser postulado porque o homem nunca pode sujeitar por completo o devir, mas cuja tomada de consciência convida a raciocinar melhor. Ela nunca é percebida como uma instância todo-poderosa que regeria o devir histórico (como é o caso em Políbio). É antes como a matéria a que a virtude deve dar forma e, desse ponto de vista, confunde-se com a ocasião. Assim, Maquiavel escreveu tão somente para conjurar o homem a enfrentá-la e com o fim de fornecer-lhe os meios de fazê-lo. O reconhecimento do papel eternamente perturbador da fortuna não conduz, portanto, ao fatalismo, mas consiste, ao contrário, num convite a não desanimar. Por isso é que o florentino escreve particularmente que a fortuna mostra sua potência quando nenhuma virtude resiste a ela (*P*, XXV, e *Capitolo di Fortuna*); que onde houver um bom exército é raro que as instituições não sejam boas e que, com mais razão ainda, a fortuna não seja boa (*D*, I, 4); que as boas disposições religiosas geram boas leis, estas a boa fortuna, e que esta última coroa as iniciativas (*D*, I, 11); que os romanos deveram à sua virtude ter encontrado a fortuna propícia para conquistar o mundo, depois de terem derrotado temíveis adversários (*D*, II, 1 e 2 integralmente); que as derrotas que parecem depender do prodígio vêm claramente de uma falta de virtude, e que a fortuna pode ser "regulada" por um homem que conheça as lições da Antiguidade (*D*, II, 30). Temos aí um tema fundamental para entender o projeto maquiaveliano: o que acontece ao homem na história lhe é em grande parte imputável, a fortuna não pode em caso algum servir de justificação para nossa impotência. O fato de que no universo uma força ative o acaso não implica que se deva ver a história como teatro de calamidades de que o homem seria a vítima (cf. a denúncia das "derrotas [ou perdas] miraculosas", *P*, XII; *D*, II, 30; *AG*, VII, 224): Maquiavel tentou elucidar os motores do agir político para estabelecer que o homem é em grande parte responsável por seu destino. Esta é, até, a primeira recomendação que deve ser dada a quem aspira a se tornar príncipe: pôr-se num estado de espírito que permita ver a fortuna não como inimiga de suas empresas, mas como mãe da ocasião.

*** Surgem aqui, contudo, várias dificuldades. Com efeito, como pode a doutrina que naturalizou estritamente o comportamento humano (a ponto de confundir natureza e necessidade) reivindicar a ação do acaso? O universo é regido pela natureza ou pela fortuna? Consequentemente, será o comportamento humano (moldado pela natureza) previsível ou a ação depende sempre, em última instância, do acaso? Em outras palavras, o conhecimento da lógica passional que domina o comportamento humano pode servir de ensinamento para uma sabedoria prática (prudência), ou deve-se sempre renunciar a avaliar as possibilidades de sucesso da ação? Afinal, o que nos é dado esperar? Muitos textos parecem entrar em contradição nesse aspecto, privilegiando ora o papel motor da natureza, ora o da fortuna. Pode-se tentar reduzir a distância entre as duas posições: a concepção maquiaveliana da natureza evoca aquela outrora desenvolvida por Lucrécio – no *De natura rerum*, um estrito necessitarismo se combina com a possibilidade imprevisível do desvio de um átomo (*clinamen*). Maquiavel provavelmente conhecia essa teoria, pois, por ocasião de uma viagem a Roma, dedicou-se a copiar o texto de Lucrécio; por conseguinte, ele teria adaptado o argumento lucreciano à sua representação da história. O universo seria regido pela natureza, segundo uma concepção em que esta última inclui a possibilidade do imprevisível, característica da fortuna. Contudo, há outros elementos que devem ser levados em consideração, pois a história continua fundamentalmente caracterizada pela ciclicidade (cf., por exemplo, *D*, II, prefácio). Ora, a fortuna é, por outro lado, responsabilizada por esse caráter das coisas históricas; no *Capitolo di Fortuna*, a imagem tradicional da roda é várias vezes empregada nesse sentido. Portanto, faz-se necessária outra partição, que poderia ser enunciada assim: o universo é regido por uma potência que, *de nosso ponto de vista*, por vezes parece inconstante, mas que o faz obedecer a uma lógica cíclica de grande amplitude, ordem esta que permite perceber as constantes localizadas que chamamos "natureza".

Guerra

It.: *Guerra/conflitto* – Fr.: *Guerre*

* Maquiavel compôs uma obra que a posteridade intitulou *A arte da guerra* (ele mesmo a denominou *De re militari*), e em todas as suas outras obras o tema da guerra é frequentemente

abordado. Seria errôneo ver nisso apenas o reflexo do contexto em que ele compôs sua obra. É certo que ela está intimamente ligada, por um lado, aos distúrbios civis ocorridos em Florença 1492 (data da morte de Lourenço, o Magnífico) a 1527 (data da última revolta republicana e da morte de Maquiavel), por outro, à invasão da península italiana pelos exércitos franceses, espanhóis, alemães e suíços a partir de 1494. Mas o fenômeno da guerra é politicamente tão importante quanto complexo e será preciso avaliar o alcance das questões que ele abarca: a guerra traduz a tendência natural a desejar adquirir o bem alheio, portanto jamais poderia haver política sem guerra ou risco de guerra. E, se a guerra põe em perigo todas as construções humanas, a consciência de que ela é sempre possível – assim como a experiência direta do combate – é excelente meio de estimular e fortalecer a virtude.

** "Deve, portanto, um príncipe não ter outro objetivo nem outro pensamento, nem tomar como arte sua coisa alguma que não seja a guerra, suas ordenações e sua disciplina, porque esta é a única arte que compete a quem comanda […]. Inversamente, vê-se que, quando os príncipes pensam mais em refinamento do que nas armas, perdem seu estado. A primeira razão que te leva a perdê-lo é negligenciar essa arte, e a razão que te faz conquistá-lo é ser versado nela" (*P*, XIV); "e são fracos os príncipes que não se ocupam da guerra" (*D*, I, 19). É sob vários aspectos que a preparação para a guerra faz parte do trabalho do príncipe: ela lhe possibilita aprender a resistir à avidez normal de seus vizinhos e forja seu caráter habituando-o a situações extremas, ela favorece um conhecimento profundo dos que o cercam, e oferece o meio de conhecer as particularidades de seu território. A excelência na guerra predispõe, portanto, à política. O mesmo se aplica aos dirigentes das repúblicas, porque "uma cidade bem-ordenada deve desejar que a prática militar seja usada em tempos de paz para exercício e nos tempos de guerra por necessidade e para glória" (*AG*, I, 16). Os romanos, modelo de povo livre, permaneceram livres porque se impuseram a seus ferozes vizinhos por meio de combates muito violentos, graças aos quais descobriram a sua própria virtude (*D*, II, 1 e 2).

Cumpre acrescentar que a guerra é uma arma política de primeira ordem nas mãos de um príncipe hábil. É o que mostra o exemplo de Fernando de Aragão, que aumentou seu prestígio pessoal e ocupou a mente dos senhores de seu reino graças a uma guerra contra o reino de Granada (*P*, XXI). Portanto, Maquiavel poderia tornar sua a proposição de Clausewitz, um de seus grandes leitores, segundo a qual a guerra é a continuação da política por outros meios. Contudo, mais que um instrumento de manipulação, o recurso à guerra atende a um problema social considerável. Desempenha, de fato, um papel crucial para preservar as cidades "virtuosas" de sua própria agressividade. Pelo fato de que "nas repúblicas, há mais vida, mais ódio, mais desejo de vingança" (*P*, V), a guerra é, de fato, um socorro muito eficaz para evitar o atiçamento de uma conflituosidade bem mais destrutiva para o corpo social: aquela produzida pela guerra civil. Contudo, a guerra contra um inimigo externo, embora forneça os meios de adiar a explosão da conflituosidade interna, não abole esta última. Os romanos, "povo muito feroz" (*D*, I, 11) e por isso muito virtuoso, tinham a obrigação de encontrar inimigos no exterior para não dirigirem contra si mesmos sua própria violência. Foi, no entanto, o que acabou acontecendo depois de eles terem conquistado o mundo – ocorreram muitas guerras civis e o império pôs fim à liberdade republicana. Logo, a política sempre se inscreve sobre um fundo de rivalidade, que amiúde se traduz nos fatos pela violência social, e a conflituosidade está no âmago das relações humanas. Por conseguinte, seria quase possível inverter a fórmula clausewitziana e afirmar que para Maquiavel a política é a continuação da conflituosidade por outros meios.

*** "Justa é a guerra para aqueles a quem ela é necessária e santas são as armas quando só nelas reside a esperança" (*P*, XXVI). Maquiavel toma para si essa frase de Tito Lívio (*História romana*, IX, 1) a fim de convencer Lourenço de Medici, o duque de Urbino, a se preparar para o combate com o intuito de "tomar a Itália e libertá-la dos bárbaros". Uma análise das consequências dessa concepção da guerra nos conduz ao cerne de um problema fundamental suscitado pelo pensamento maquiaveliano. O que legitima a guerra e lhe confere até um caráter de justiça e de santidade não é um critério que, transcendendo a ação política, permitiria estabelecer o que é objetivamente justo. O único critério de avaliação do valor de justiça da guerra é o patriotismo, entendido como inquietação dos cidadãos com a sobrevivência de sua nação e como preocupação com o poder desta. Ora, ninguém pode se abstrair da posição que ocupa no jogo das rivalidades: nem o ator nem o pensador da política têm a possibilidade de decidir e julgar do ponto de vista de uma neutralidade dos valores. Nessas condições, a única justiça possível é a da efetividade de um poder que se impõe ou que resiste pelas armas. O fenômeno da guerra ganha, portanto, um sentido forte porque cumpre o papel de prova da verdade num mundo de que desertaram os valores capazes de transcender as posições parciais ocupadas pelos rivais que a natureza põe em confronto. Mas, como a história não obedece a um movimento dialético, a vitória de um povo sobre outro não conduz ao estabelecimento de um universal em ato, do tipo prometido pela doutrina de Hegel. A única justiça possível tem um significado puramente político, e ela está baseada no triunfo da força guiada pela astúcia. Pode-se querer perder a alma para salvar a pátria: aliás, Maquiavel escreveu a Vettori, num dos momentos de maior perigo para a nação italiana, "Amo minha pátria mais que minha alma" (carta de 16 de abril de 1527). Isso é a consequência de um pensamento que instalou o ato de guerra no coração da política: a concepção maquiaveliana da guerra justa é característica da de um resistente à invasão estrangeira.

História

It.: *Istoria* – Fr.: *Histoire*

* No relatório de 1503 intitulado *Da maneira de tratar as populações revoltadas do vale de Chiana,* Maquiavel evoca a disciplina histórica a partir de um tópico clássico: "Ouvi dizer que a história é a mestra de nossas ações [*io ho sentito dire che la istoria è la maestra delle azioni nostre*], e sobretudo da dos príncipes; o mundo sempre foi semelhantemente habitado por homens

que sempre tiveram as mesmas paixões... Logo, se é verdade que a história é a mestra de nossas ações, não é ruim, para aqueles que devem punir e julgar os territórios do vale de Chiana, adotarem seu exemplo e imitarem aqueles que foram os mestres do mundo." É Cícero quem aqui é evocado, que apresentava a história como "testemunha dos séculos, luz da verdade, vida da memória, mestra da vida, mensageira da Antiguidade" (*De Oratore*, II, IX, 36), e Maquiavel se inspira nesse relatório em várias passagens de Tito Lívio a fim de propor um modelo de conduta para os responsáveis florentinos. A referência a Cícero permite perceber as múltiplas finalidades atribuídas à história pelos autores antigos, que consistem em conservar o passado a fim de que ele escape ao esquecimento graças à memória, em transmiti-lo sob a forma de discurso verdadeiro e em construir uma ética que forneça à experiência humana pontos de referência seguros. Pressupõe-se, portanto, que o passado possui um valor exemplar para o presente, e a dignidade da história consiste em transmitir esse valor garantindo a continuidade dos tempos. Maquiavel mostra-se herdeiro dessa ambição: sua obra poderia até mesmo ser vista tão somente como a de um historiador político clássico, comparável a seus autores de referência, já que faz da disciplina histórica o saber fundamental para a política.

** Maquiavel retoma sem dúvida o quadro fixo que, entre os antigos, permitia que a história se constituísse como discurso da verdade: os homens foram e são regidos pelas mesmas paixões, é uma mesma e única natureza que governa as coisas (cf., por exemplo, *D*, II, prólogo: "pensando no modo como tais coisas acontecem, concluo que o mundo sempre foi do mesmo modo"). Mas ele atribui uma finalidade estritamente política à disciplina que o humanismo do Renascimento tinha retomado numa perspectiva moral. Por isso é que a narração dos acontecimentos do passado está estritamente sujeita à compreensão política do presente: a historiografia maquiaveliana deve ser entendida antes de mais nada como ajuda para a decisão. Contudo, o florentino não descarta utilizar as formas clássicas da história moral. Sua leitura de Plutarco é, desse ponto de vista, notável: pede que lhe mandem um exemplar das *Vidas paralelas* do historiador grego num momento em que depara com o enigma do comportamento de César Bórgia (que ele observa diretamente em Imola); entretanto, as páginas produzidas por essa leitura traem uma supressão da dimensão moral do projeto plutarquiano em prol da compreensão de uma ação política por si mesma, livre das preocupações da moral. Apesar de trabalhar nos moldes de Plutarco, Maquiavel chega até a inventar uma nova norma de comportamento, livre dos valores tradicionais. Isso se nota nessas "vidas exemplares" que Maquiavel compôs nos moldes da história antiga, mas que contêm uma definição muito original da virtude (ver a esse respeito *P*, VIII, que pode ser lido como um exercício de comparação de duas biografias, mas também os capítulos VI e VII e o próprio projeto de *VCC*). Portanto, a historiografia tradicional é utilizada num sentido profundamente inovador, e é por isso que o florentino pode afirmar ter descoberto um continente novo numa passagem em que insiste na importância do conhecimento do saber político dos antigos (*D*, I, prólogo).

*** Maquiavel também herda seu modo de praticar a história dos chanceleres florentinos que o precederam, em particular dos autores que foram chamados de humanistas cívicos, tais como Coluccio Salutati (1331-1406), Leonardo Bruni (1369--1444) e Poggio Bracciolini (1380-1450): defensores do ideal republicano contra o arbítrio dos duques de Milão e do papado, todos tentaram compor uma história da cidade florentina destinada a mostrar que esta é chamada a ser a pátria da liberdade por excelência. É com referência a essa tradição que a *HF*, obra monumental, ganha todo seu sentido; mas, a despeito de seus empréstimos formais, a versão maquiaveliana da história florentina se separa radicalmente da historiografia humanista. Em primeiro lugar, Maquiavel modifica o critério de avaliação da saúde política da cidade: ao contrário do que afirmavam Bruni e Bracciolini (*HF*, proêmio), o bom historiador não se atém ao relato de suas vitórias externas, mas tira proveito da análise das discórdias internas. Com efeito, a qualidade destas torna aquelas possíveis; assim, cumpre entender que Maquiavel modifica profundamente a imagem tradicional do regime republicano. Em segundo lugar, a *HF*, em particular o livro I designado pelo autor como um "tratado universal" [*trattato universale*, *HF*, II, 2], dedica-se a uma investigação sobre a gênese da debilidade da virtude dos modernos. Se Florença é incapaz de encarnar os ideais outrora conduzidos ao seu apogeu pela república romana e se a Itália inteira conheceu a derrota militar é porque o poder temporal adquirido pelo papado mantém o país desunido. E, numa obra escrita com muito rigor (ver a carta a Guicciardini de 30 de agosto de 1524, 1258), descobre-se que a segunda fonte de debilidade de Florença foi o fato de os "príncipes" que se sucederam à frente da cidade terem privilegiado o interesse particular no lugar da utilidade pública: obra encomendada pelos Medici, a *HF* na verdade coloca em julgamento Cosimo e, depois, Lourenço. Tentando entender a política do presente graças ao conhecimento do passado, Maquiavel toma, portanto, posição também em relação à história universal, e concebe-a orientada por um movimento de decadência. Se "o mundo sempre foi do mesmo modo", na época moderna a virtude dos antigos se dispersou e, em todo caso, desertou a Itália de modo duradouro (*D*, II, prólogo). Desse ponto de vista, apesar de uma historiografia formalmente comparável à de seus predecessores, Maquiavel afirma que a ruptura dos tempos está consumada e, de certo ponto de vista, ele acaba com a esperança dos humanistas: reavivar a virtude dos antigos.

Humores

It.: *Umori* – Fr.: *Humeurs*

* Todos os tipos de regimes políticos são atravessados por tensões, que resultam da oposição natural entre interesses e desejos; na república, em particular, essas tensões se exprimem abertamente, e por isso governar esse regime é muito delicado ("Nas repúblicas, porém, há mais vida, mais ódio, mais desejo de vingança", *P*,V). Para dar conta desse jogo de tensões, Maquiavel recorre ao termo "humor", que designa não tanto as paixões e as diversas opiniões individuais quanto as aspirações coletivas dos grupos sociais constituídos, tais como o povo (*il popolo*, isto é, a pequena e média burguesia), os grandes (*i grandi*, isto é, os senhores da aristocracia tradicional aos quais se agregam os membros da alta burguesia). Na *HF*, o autor acrescenta a terceira categoria da plebe, que designa os operários e os pequenos artesãos (*la plebe*).

** A teoria dos humores dota Maquiavel de uma ferramenta de compreensão da política capaz de redobrar a análise constitucional tradicional feita nos termos da busca do melhor regime. A noção de humor conserva algo de sua origem hipocrática e galênica, pois permite estabelecer que a crise faz parte da vida política normal de qualquer regime. Expressão tumultuada de tendências antagônicas que se opõem de múltiplas maneiras, essa vida tende comumente à conflituosidade. Maquiavel muitas vezes resume a expressão das forças sociais numa fórmula lapidar, que diz da tensão mínima mas permanente que aciona a política: os grandes querem comandar, o povo não quer ser comandado, ou melhor: o povo não quer ser submetido, os grandes aspiram a submeter o povo (*P*, IX e XIX; *D*, I, 4 e 5; *HF*, II, 12; III, 1; IV, 1). Separa-se assim do pensamento político tradicional oriundo da filosofia antiga (Aristóteles e Cícero) e do humanismo cívico florentino: deve-se reconhecer não só que a discórdia entre os humores constitui a realidade da vida política, como também que as desavenças, longe de prejudicar a república, manifestam sua boa saúde (cf. *D*, I, 4-6). É completa a ruptura com o ideal definido como realização da harmonia entre os particulares e entre as facções, que repousava sobre a representação da cidade como uma individualidade composta de partes incompletas e como um ser natural tendente à harmonia. Não há bem comum espontaneamente possível, nem mesmo nas repúblicas; em todo caso, não se pode idealizar um modelo de harmonia social que regularia a política de uma vez por todas.

*** Para Maquiavel, a finalidade da república é a realização da liberdade; este último termo (paralelamente à independência da cidade em relação às potências externas) deve ser entendido como a mais alta expressão possível dos *umori* no interior do corpo social. Portanto, apaziguar os humores é impossível sem afetar a liberdade: é, aliás, o que ocorre nos novos principados que conseguem perdurar no tempo, pois neles um chefe hábil realiza pontualmente o consenso dos humores normalmente contraditórios, suscitando a adesão deles à sua causa. De qualquer modo, seria tão ilusório querer racionalizar integralmente o registro passional dos humores quanto crer que se possa apaziguar definitivamente a oposição deles. Quando o florentino afirma que o estudo das discórdias civis e das inimizades intestinas [*le civili discordie e le intrinseche inimicizie*] é o que há de mais importante para compreender a história de sua cidade, isso significa que sua tentativa tem um fim cívico: visa teorizar as condições da liberdade (*HF*, proêmio).

Por isso, não é desejável que um humor prevaleça definitivamente sobre outro. Como o regime da liberdade é aquele da expressão das diferentes aspirações, não há por conseguinte vida republicana normal sem a manifestação da hostilidade dos *umori* na forma de "tumultos" [*tumulti*]. A tarefa dos dirigentes sagazes consiste, portanto, em dar forma aos *umori* para evitar os *tumulti* violentos demais que desestabilizariam o regime e prejudicariam o corpo social. Por esse motivo é importante legislar. As boas instituições [*buoni ordini*] têm, nesse sentido, uma função contraditória: por um lado, permitir a expressão dos *umori*, por outro, controlar os *tumulti*. Eles introduzem uma racionalidade mínima decorrente mais da forma dada a uma matéria do que de uma retificação que anularia os tumultos: a forma não anula a especificidade da matéria, ela possibilita, ao contrário, sua melhor expressão. Pode-se, portanto, esperar conciliar os dois extremos que são a ordem e a liberdade, conciliação esta que representa o ideal político mais difícil de realizar (cf. *HF*, III, 1).

Imitar

It.: *Imitare* – Fr.: *Imiter*

* Herdeira do humanismo que se definiu pela imitação estilística dos escritores gregos e latinos, a noção de imitação é utilizada de forma tão constante que deve ser vista como uma verdadeira matriz do pensamento maquiaveliano; mas a questão é saber o que convém imitar. De fato, trata-se ao mesmo tempo de "copiar ativamente" as formas da história política dos antigos a fim de reproduzir uma parte de sua virtude, de descrever as características originais dela para forjar uma nova norma e, por fim, de determinar o que é natural ou necessário a fim de reorientar o comportamento político.

** A cópia ativa dos escritores antigos, muito particularmente dos historiadores latinos, fornece formas de apreensão do fato político que permitem um entendimento original dele. No entanto, a categoria de imitação possui um alcance bem maior, pois condiciona o conteúdo moral da obra de Maquiavel. Trata-se, então, de imitar os exemplos de virtude que permitem ter a esperança de fazer Florença e a Itália saírem da crise por que estão passando. Nesse sentido é que Maquiavel pretende "propô-lo [César Bórgia] como exemplo a todos aqueles que, com a fortuna e as armas alheias, ascendem ao império" (*P*, VII, e carta a Vettori de 31 de janeiro de 1515: "O duque Valentino, cuja obra eu sempre imitaria se fosse príncipe novo, tendo conhecido essa necessidade, fez *messer* Rimirro de Orco governador na Romanha"). Ora, assim considerada, a categoria de imitação restitui a dimensão moral do projeto de escrita de Maquiavel. Uma passagem de *P* (VI) fornece mais um indício: "Que ninguém se espante se, ao falar dos principados inteiramente novos, de príncipes e de estados, eu recorrer a exemplos elevados. Pois, como os homens sempre trilham caminhos percorridos por outros, procedem em suas ações com imitações mas não são capazes de manter totalmente os caminhos dos outros nem de alcançar a *virtù* daqueles que imita, um homem prudente deve sempre começar por caminhos percorridos por homens grandes e imitar os que foram excelentes. Assim, mesmo que não alcance sua *virtù*, pelo menos mostrará algum indício dela, fazendo como os arqueiros prudentes que, julgando muito distantes os alvos que pretendem atingir e conhecendo até onde chega a *virtù* de seu arco, orientam a mira para bem mais alto que o lugar destinado, não para alcançar com sua flecha tamanha altura, mas para poder, por meio de mira tão elevada, chegar ao objetivo" (*P*, VI). Deve-se, portanto, visar ao mais elevado: convém pensar literalmente uma nova excelência. O pequeno tratado sobre a conquista e a manutenção dos principados deve ser entendido como uma obra de filosofia moral, que contesta os valores tradicionais em nome do realismo político, tomando assim o caminho de uma reforma profunda dos costumes.

*** Ora, considerando-se a condição do homem no tempo e a instabilidade da fortuna, não se trata de adotar um comportamento que retome exatamente aquele de um modelo do passado, ainda que próximo. Portanto, a imitação é necessariamente dinâmica. Por isso é que o comportamento de um César Bórgia só é proposto como modelo porque na verdade trata-se de imitar a natureza: se "todas as nossas ações imitam a natureza" (*D*, II, 3), trata-se, portanto, de imitar o que há de mais enérgico entre as suas produções. É também um apelo para recuperar o vigor do que se faz por necessidade (ver o exemplo dos povos invasores em *D*, II, 8). Ater-se à necessidade leva a adotar normas extremas para o comportamento político, no âmbito de uma lucidez e de uma resolução sem igual, muito propício à defesa da liberdade: aqui, o exemplo perfeito é o de Brutus, capaz de matar os filhos para salvar a república (*D*, III, 3), e, de modo geral, o sacrifício é a marca da resolução conferida pela aceitação da necessidade (cf. *D*, I, 9: o exemplo de Rômulo; II, 16: a vitória mais decisiva já alcançada pelos romanos: os cônsules sabiam que os combatentes vencidos seriam escravizados pelo vencedor e, para reforçar a coragem das tropas, Décio se matou, Torquato matou o filho; III, 1: entre os fatos memoráveis que regeneraram a vida de Roma, menciona-se a execução dos filhos de Brutus e a do filho de Torquato (também lembrada em III, 22 e 24), bem como a morte de Espúrio Mélio e a de Mânlio Capitolino; III, 45: o cônsul Públio Décio Mus se sacrifica porque foi derrotado pelos samnitas e pelos etruscos).

Instituições[1] (*ordini*)
It.: *Ordini* – Fr.: *Institutions*

* A virtude do príncipe deve ser substituída por instituições destinadas a sobreviver a ele: semelhantes aos diques capazes de conter a torrente desenfreada da fortuna, as boas leis permitem que os povos não sejam derrotados pelos acidentes da história (*P*, XXV). É certo que Maquiavel não se inscreve na tradição filosófica da busca do melhor regime em si; a questão do governo justo tal como foi formulada por Platão, Aristóteles e Cícero é-lhe igualmente estranha. Contudo, sua obra se caracteriza pela busca permanente da melhor lei para sua cidade e na sua época. Por isso ele retoma os questionamentos dos escritores florentinos contemporâneos a ele, como Savonarola (*Tratado sobre o regime e o governo da cidade de Florença*) e Guicciardini (*Dialogo del reggimento di Firenze*). O estudo das instituições antigas (de Roma ou de outras cidades) reforça, então, o exame da constituição de Estados modernos, pois ele estuda as de Florença, Veneza, da França e até da pequena cidade de Lucca (cf. o *Sumário das coisas da cidade de Lucca*, de 1520).

** Maquiavel nunca separa a análise das instituições da dos costumes em vista da regulamentação dos quais elas foram criadas. Por isso emprega a expressão "*modi ed ordini*" ("modos e instituições") para caracterizar o que lhe compete pensar (*D*, I, prólogo: a descoberta de "novos procedimentos e disposições" torna sua empresa tão perigosa quanto a descoberta de terras desconhecidas; cf. também *D*, I, 16). Isso significa duas coisas. Em primeiro lugar, se lembrarmos do sentido amplo do termo *modi*, o que aqui é designado são os usos na sua relação com as leis; Maquiavel se inscreve numa tradição de pensamento que remonta a Aristóteles: as leis não são abstrações, devem ser consideradas como a organização dos costumes histórica, social e até naturalmente determinados (ver, sobre este último ponto, *D*, I, 1 e 2; e, para uma utilização política do tema, *Discursus*). Aliás, as instituições só têm sentido em relação aos usos que enquadram; desse ponto de vista, Montesquieu e Tocqueville serão os sucessores de Maquiavel.

Em seguida, se dermos uma significação restrita a *modi*, remeteremos ao gesto político singular da instituição da lei. De fato, o florentino nunca separou a reflexão sobre as leis da dimensão política, nele nunca encontramos autonomia do direito. A questão da instituição ou da reforma da lei é até um de seus temas fundamentais (cf., por exemplo, *P*, VI). Examinando a relação entre as leis e o gesto político, poder-se-ia dizer que o problema dos fundamentos do poder não está ausente da obra de Maquiavel, mas é sempre pensado a partir da consideração do exercício deste.

*** Nesse contexto, o florentino viu-se confrontado com a difícil questão da relação entre lei e história. É vantajoso interpretar a *HF* segundo esse eixo de leitura, em particular a partir do livro II, em que se nota como em Florença se exprimem "humores" contraditórios, como alguns responsáveis "virtuosos" souberam acalmá-los, aplacá-los por um momento – e como os *ordini* são o produto da vida política bem-sucedida. No entanto, embora os *ordini* sejam, na *HF*, considerados superiores aos humores e até à *virtù* dos legisladores, eles jamais acalmarão definitivamente os "tumultos" (*tumulti*) gerados pela oposição social. Outros tumultos nascerão; contudo, mediados pelas instituições, caso estas sejam boas, eles não prejudicarão a vida do regime. Em *HF*, Maquiavel deixa aparecer a tensão dinâmica que liga *umori* e *tumulti*. Isso se nota particularmente bem nos capítulos que tratam do estabelecimento da instituição do gonfaloneiro (*HF*, II, 12 e ss.). O produto dessa tensão, caso seja bem-sucedida (ou seja, caso os *ordini* não desmoronem), é a liberdade republicana, considerada a melhor situação política possível. Em vez de preexistir como ideal cívico, a liberdade decorre do enfrentamento fecundo entre *ordini* e *tumulti*. A *HF* confirma, portanto, o que *D* mascarava um pouco sob uma teoria da virtude republicana: tanto é verdade que não há sucesso político digno desse nome sem instituições que o verdadeiro tema político digno de interesse é, no final das contas, a constituição florentina. A virtude de um homem providencial é decerto necessária para acalmar o corpo social tumultuoso, mas ela é sempre insuficiente para fazê-lo de forma duradoura (cf. *HF*, IV, 1). Só a república estabilizada pelos *ordini* pode canalizar os *tumulti* de modo eficaz.

No entanto, a "perspectiva constitucional" é necessariamente acrescida de uma "perspectiva principesca"; isso é consequência de um importante problema, que podemos designar de círculo das leis e dos costumes: as boas leis só podem ser geradas por um povo virtuoso que tenha bons costumes, mas os bons costumes só são eles mesmos possíveis se boas leis os prepararam. O que pode fazer um povo corrompido, cujos costumes já não são virtuosos? O povo florentino é precisamente um povo desses. A instituição ou mesmo a regeneração dos bons *ordini* dependem, portanto, do surgimento da *virtù* de um homem providencial, e as instituições só terão eficácia se forem sustentadas pela energia de um indivíduo fora do comum. Por isso é que Maquiavel, durante sua missão de 1520 em Lucca, podia, ao mesmo tempo, dedicar-se à avaliação dos *ordini* dessa cidade (da qual resulta o *Sumário das coisas da cidade de Lucca*) e refletir sobre a *virtù* do capitão Castruccio Castracani (o que produziu *VCC*): esta é, com efeito, como que o motor daquele. As perspectivas constitucional e principesca nem mesmo se justapõem, pois mantêm uma relação hierárquica: historicamente, ou seja, pelo fato de existirem ciclos "altos" e "baixos" que imprimem ritmo à vida das cidades (*D*, II, prólogo; *HF*, V, 1), a segunda determina necessariamente a primeira. Portanto, a missão do príncipe virtuoso é endireitar o curso das coisas, ainda que seja improvável que ele algum dia possa invertê-lo, considerando-se o caráter cíclico da história e a inelutabilidade de suas fases "baixas" (cf. *AG*, VII).

1. Nas edições que são utilizadas para traduzir as passagens da obra de Maquiavel citadas neste vocabulário, traduziu-se *ordini* por ordenações; o termo "instituições" será mantido e indicado nas citações para não contrapor-se à interpretação do autor do vocabulário.

Natureza e necessidade

It.: *Natura e necessità* – Fr.: *Nature et nécessité*

* Nada está acima da natureza; como força atuante, pode-se até compará-la a Deus (como se vê na expressão "Deus e a natureza", *HF*, III, 13, e IV, 16). Potência de animação à qual nada escapa, ela dota os indivíduos, as cidades e os povos de um caráter que os distingue uns dos outros e que perdura ao longo dos séculos (cf., por exemplo, *D*, III, 36, sobre a natureza dos gauleses reencontrada na dos franceses, tal como é descrito no opúsculo *De natura Gallorum*, de 1500). Devido à sua naturalidade, todas as coisas se caracterizam pela imperfeição e pela tendência à corrupção: "a grande verdade é que todas as coisas do mundo têm seu tempo de vida" (*D*, III, 1), algo de que não escapa nenhuma nação e nenhuma constituição. Nos comportamentos humanos, a natureza se faz sentir sob o signo do desejo, vivido como aguilhão da falta e como frustração permanente (*D*, I, 37, e II, prólogo). Convém ainda concebê-la de maneira dinâmica: como a natureza tende à expansão, todas as coisas naturais se caracterizam por um esforço voltado para a realização de seus fins (cf., por exemplo, *D*, I, 29: "uma cidade que vive livre tem dois objetivos: conquistar e manter-se livre"; ver também II, 5 e 8).

** Em que medida os homens, determinados pela natureza, podem tomar seu próprio destino nas mãos? Embora afirme que "pois onde falha, a natureza é suprida pela indústria, que nesse caso vale mais que a natureza" (*AG*, I, 22), Maquiavel explica também que "todas as nossas ações imitam a natureza" (*D*, II, 3), e ele parece ter literalmente aprisionado os homens dentro de seu próprio temperamento. Um homem envolvido numa empresa, sobretudo se já obteve êxito agindo desse modo, não consegue modificar seu modo de agir quando as circunstâncias assim exigem (*P*, XXV, e *D*, III, 9). Está em jogo aqui a questão do livre-arbítrio, que deve ser afirmada num plano abstrato (*P*, *ibid*.), mas que não é vista operante na história. Esta, aliás, parece integralmente sustentada e determinada pela vida do universo: "uma vez que a natureza, assim como ocorre com os corpos simples, ao reunir suficiente matéria supérflua, muitas vezes se move por si mesma e realiza uma purgação, que é a saúde daquele corpo; o mesmo ocorre nesse corpo misto da raça humana, pois, quando todas as províncias estão repletas de habitantes, de tal modo que não podem todos nelas viver nem ir morar alhures, por estarem ocupados e repletos todos os lugares, e, quando a astúcia e a maldade humana chegam até onde podem chegar, é necessário que o mundo se purgue por um desses três modos, para que os homens, passando a ser poucos e tendo sido derrotados, vivam mais comodamente e se tornem melhores" (*D*, II, 5). Livres pela metade nas coisas políticas, ao menos em princípio, os homens estão ao mesmo tempo submetidos a uma estrita necessidade. A lógica natural que sustenta o devir cósmico parece obedecer, mais precisamente, a uma teleologia cega: está orientada numa direção e manifesta até uma intenção que concerne à espécie humana, mas essa direção permanece incompreensível e a intenção não é favorável ao desenvolvimento harmonioso das atividades dos homens.

*** Mas também é preciso compreender as consequências propriamente políticas da afirmação da naturalidade da condição humana: mais de um século antes de Hobbes, Maquiavel afirma que todos os homens são feitos da mesma massa, é o que reivindica em seu extraordinário discurso o líder dos operários da lã revoltados apresentado em *HF*, convidando seus camaradas desavorados a redobrar a intensidade de seus malfeitos: "Não deve assustar-vos a antiguidade do sangue que eles nos jogam ao rosto; porque todos os homens tiveram o mesmo princípio e são, por isso, igualmente antigos, e foram feitos de um mesmo modo pela natureza. Fiquemos todos nus, e vereis que somos semelhantes; e se nos vestirmos com as vestes deles, e eles com as nossas, vereis que, sem dúvida, nós pareceremos nobres, e eles, não nobres [*ignobili*]; porque somente a pobreza e a riqueza nos desigualam [...] nem a consciência nem a infâmia vos deve amedrontar; pois aqueles que vencem o fazem de qualquer modo, e disso nunca trazem vergonha. E da consciência não devemos fazer conta; porque quem, como nós, tem medo da fome e do cárcere não pode nem deve ter medo do inferno. Mas, se notardes o modo como os homens procedem, vereis que todos aqueles que conseguem grandes riquezas e grande poder os conseguiram com fraude ou com a força; e, depois que tomaram tais coisas com engano ou violência, para disfarçarem a fealdade da conquista, conestam-na sob o falso nome de ganho. E aqueles que, por pouca prudência ou excessiva tolice, evitam tais métodos, sempre afundam na servidão e na pobreza; porque os servos fiéis sempre são servos, e os homens bons sempre são pobres; só se livram da servidão os infiéis e audazes, e, da pobreza, só os rapaces e fraudulentos. Porque Deus e a natureza puseram todas as riquezas [*fortune*] dos homens no meio deles; mas estão elas mais expostas à rapina que à indústria, mais às más que às boas artes: donde provém que os homens se devoram uns aos outros, e sempre se sai mal quem menos pode. Por isso, é preciso usar a força quando é dada a ocasião" (*HF*, III, 13). Parece rigorosamente impossível determinar o juízo pessoal de Maquiavel sobre essa vigorosa tomada de posição; mas, com aprovação ou desaprovação, as considerações filosóficas sobre a igualdade natural das condições têm, aqui, consequências políticas tipicamente modernas e também extremas: a diferença entre os poderosos e os fracos, entre os ricos e os pobres desaparece a partir da consciência da unicidade da natureza humana. Além disso, o caráter natural das paixões questiona a distinção em que se baseia o princípio da subordinação social. Esta é um artifício fácil de questionar – pois, necessária, é só a expressão do desejo. A legitimidade deste acaba autorizando o recurso à espoliação violenta; o único critério para julgar a ação é, então, aquele constituído por seu sucesso ou seu fracasso. À luz desse texto, por fim, é possível dizer que para Maquiavel o primeiro passo na direção da virtude consiste na adesão consciente à necessidade.

Paixões

It.: *Passioni* – Fr.: *Passions*

* Ao se dedicar ao exame das causas da amizade, Maquiavel só conserva duas realmente eficazes, o interesse ou o temor: em primeiro lugar, no concerto das relações de poder, importa ter amigos interessados e, por isso, dispostos a assegurar a nossa defesa; em seguida, numa passagem que adota a forma de um debate acadêmico, o florentino demonstra que o medo é mais seguro que o amor para fortalecer os laços de obrigação (*P*, XVII). Essa análise indica uma inversão de perspectiva:

Maquiavel se opõe à tradição filosófica oriunda de Platão, de Cícero, de santo Agostinho e de são Tomás, que fazia das paixões um elemento perturbador da vida política, que a razão devia superar; para ele, a boa política consiste, antes, em organizá-las, e o conhecimento delas é o melhor auxiliar do discernimento. O que vale para as alianças com o exterior se confirma no plano dos assuntos internos, porque o talento superior do chefe político (príncipe ou responsável por uma república) consiste justamente em se fazer aceitar por seus próprios súditos a ponto de obter sua afeição à guisa de fortaleza (*P*, XX: "Portanto, a melhor fortaleza que existe é não ser odiado pelo povo").

** As paixões dominantes no homem são a avidez, o amor à glória, a admiração, a inveja, a cólera e o medo. É claro que elas podem perturbar o laço social (ver o exemplo dos pequenos senhores rapazes cuja avidez desestabiliza a Romanha antes que César Bórgia a pacifique em *P*, VII e sobretudo *D*, III, 29). Mas são, na verdade, seu elemento vital. Isso se percebe graças à notável argumentação que explica que a liberdade se mantém viva pelas paixões que agitam a cidade (*D*, I, 4 e 5): o exemplo romano atesta o fato de que efeitos benéficos para a independência da nação podem nascer de paixões tradicionalmente reputadas baixas como a vontade de adquirir ou o medo de perder seu bem e a vida.

*** Maquiavel antecipa, portanto, a inversão operada pela Modernidade no tratamento das paixões e dos interesses e, desse ponto de vista, alguns elementos de seu pensamento anunciam o modo como os teóricos da sociedade civil (como David Hume e Adam Smith) conceberão, no século XVIII, a criação do laço social a partir dos interesses particulares. Digno de nota é o fato de ser no âmbito de um pensamento de tipo republicano que vemos aparecer esses elementos, já que esse tipo de doutrina normalmente postula a existência de um bem comum com mais valor que os interesses privados, ou então o reconhecimento do caráter transcendente da lei. Aliás, evocando a temática republicana clássica, *HF* afirma: "raras são as vezes que as paixões particulares [*passioni private*] deixam de prejudicar o interesse geral" (V, 31; cf. também III, 5, no discurso do cidadão anônimo, a preocupação com a pátria se opõe às paixões privadas). Ora, no mundo de Maquiavel esse bem comum não existiria, e a lei é considerada um dispositivo imanente submetido às mudanças políticas. É mais uma vez uma paixão reputada baixa que torna possível a unidade política ou a integração do corpo social percorrido pelas paixões privadas, e isso torna o republicanismo maquiaveliano inclassificável. O medo (entendido como temor a Deus e mais ainda como temor de morrer), por estar na base da validade dos juramentos, representa o fundamento passional que transforma as paixões pessoais em preocupação com a pátria (*D*, I, 11, sobre o temor a Deus; I, 15, sobre o medo de morrer, considerado mais forte que o primeiro). O proêmio de *AG* inverte essa ordem, explicando que o medo cotidiano do perigo estimula o temor a Deus, que está na base da vida em sociedade (cf. também VI, 178). Seja como for, ambos contribuem para provocar, em combate, uma "obstinação" [*ostinazione*] favorável à salvação da pátria (*AG*, IV, 137), disposição que é um verdadeiro modelo para todos os cidadãos, mesmo em tempos de paz. As paixões mais vivas e aparentemente mais insociáveis na verdade dinamizam a vida política. Contudo, em contraste com o mundo antigo, a Modernidade se mostra marcada pela atenuação da inquietação coletiva, atenuação pela qual a religião cristã é em grande medida responsável. Em passagens que antecipam a obra de Tocqueville, a obra maquiaveliana prediz, por conseguinte, o fim do amor pela liberdade, ou seja, a morte da política.

Príncipe e principado

It.: *Principe e principato* – Fr.: *Prince et principauté*

* Ao nomear a obra que a posteridade consagrou com o título *O príncipe*, Maquiavel a chamou de "um pequeno livro sobre os principados" e definiu seu projeto como fruto do diálogo com os antigos: "E porque Dante disse não haver ciência sem que se guarde o que se entendeu, anotei dessas conversas com eles o que acreditei ser essencial e compus um opúsculo, *De Principatibus*, em que cogito o máximo possível sobre o problema que esse tema suscita: o que é o principado, quantas espécies existem, como é adquirido, como é conservado, como é perdido..." (carta a Vettori de 10 de dezembro de 1513). Ele se propõe pensar a lógica das situações de conquista e de conservação do poder; pode, pois, ser qualificado de "príncipe" o homem que nisso tenha sucesso, seja qual for sua condição social inicial.

** Duas observações: em primeiro lugar, é imperativo distinguir "príncipe" de "monarca" e de "rei", termos que Maquiavel conhece e utiliza quando precisa. "Príncipe" não designa nem uma dignidade feudal nem um título dinástico, mas uma capacidade política, a de chegar à frente do principado e ali permanecer. Traduzir "príncipe" por "monarca" chega a ser um contrassenso, porque segundo Maquiavel a posse legítima do poder, consagrada pelo uso ou pelo direito, não resguarda ninguém das dificuldades extremas em que todo governante se encontra devido à sua própria situação. Um rei que permanece à frente de sua monarquia consegue fazê-lo porque, em termos maquiavelianos, exibe qualidades de príncipe; portanto, ele é um príncipe que a tradição de seu país chama de rei por razões históricas. Em segundo lugar, o deslocamento de significação operado pela tradição dos editores (de "opúsculo sobre os principados" para "príncipe") é muito interessante, pois a tipologia das situações de conquista do poder, realizada nos onze primeiros capítulos, exprime com efeito uma grande promessa, a da atualização do talento político superior que consiste em conseguir se impor de forma duradoura a outrem: a "virtude".

Essas duas observações permitem tomar consciência do verdadeiro alcance do projeto maquiaveliano: o florentino arranca literalmente a problemática política das ordens tradicionais que, até então, prometiam explicá-la. Pela primeira vez, não é em função nem de uma autorização divina, nem de uma tradição secular, nem de um saber filosófico sobre os fundamentos que a questão do poder é formulada, e sim em função apenas do talento humano confrontado com as dificuldades imanentes da vida em comum e com as vicissitudes da história. Portanto, Maquiavel pôs o exercício da política no plano das capacidades humanas. Quanto a isso, duas passagens são simbólicas: a primeira, no meio da seção muito importante composta pelos capítulos VI a VIII de *P*, é aquela que, no VII, desenvolve o exemplo de César Bórgia, já que o duque Valentino é um modelo para todos aqueles que se tornaram príncipes graças ao talento que consiste em desvendar nas oportunidades da fortuna as condições do sucesso; a segunda, em *HF*, III, 13, é aquela em que um operário revoltado da lã se dirige a seus companheiros desarvorados – personagem, aliás, que Maquiavel mantém anônimo –, pois este se descobre "príncipe" na própria ação e pelo fato de mobilizar toda a sua inteligência para desvendar a verdade da situação. O filho do papa Alexandre VI e o amotinado desconhecido têm em comum o fato de terem se engajado para fazer triunfar sua empresa, custe o que custar. Logo, o termo "principado" não designa uma realidade territorial: exprime a efetividade específica da política, diferente de todos os outros registros da ação humana.

*** À primeira vista, seria fazer justiça ao pensamento do florentino se o dividíssemos de forma estrita: quando trata do principado, Maquiavel só considera intencionalmente uma modalidade da política, qual seja, a aquisição e a conservação do poder por um homem só. Ora, a parte da obra que concerne ao exercício da decisão num regime de poder compartilhado (bem como os fundamentos deste último) é claramente mais extensa do que aquela que diz respeito aos principados. Maquiavel diz, aliás, que, "em outro momento, discorri longamente sobre" o caso das repúblicas (*P*, II), indicando provavelmente os *Discursos*, mas revelando também o interesse de seu pensamento, aparentemente mais preocupado com a análise do regime republicano do que com o caso restrito dos principados. De fato, é muito tentador mostrar que o florentino dedicou apenas uma curta reflexão aos principados (com *P* e a pequena *VCC*), em contraste com as longas obras voltadas para a elucidação do que acontece nas repúblicas (*D* e *HF*). E, visto que *P* explica que a constituição do principado necessita do recurso aos meios imorais, que são a violência e a astúcia (cf. *P*, XVIII), fica-se como que impelido a reencontrar aqui a fratura entre o escandaloso autor maquiavélico e o virtuoso defensor do ideal republicano. Ora, essa leitura também repousa sobre um contrassenso, aquele que alinha Maquiavel com o humanismo cívico e com a tradição republicana oriunda de Cícero. Na verdade, os legisladores e os líderes republicanos são eles próprios príncipes: Maquiavel, que às vezes os chama de "príncipes das repúblicas" (cf., por exemplo, *D*, I, 12, e II, 2), atribui-lhes a mesma tarefa que atribui àqueles que denomina príncipes, e, nesse sentido, uma república também é um principado. A situação descrita em *P* tem, a rigor, um valor paradigmático para qualquer ação política; por articular os problemas fundamentais suscitados pela tomada, pela conservação e pelo risco da perda do poder, o principado é ao mesmo tempo um caso particular e o modelo das situações políticas. Também aqui vemos uma profunda modificação realizada por Maquiavel no que diz respeito à tradição: as qualidades que compõem um chefe são, de fato, independentes da forma do regime em que são pensadas.

Todavia, apesar dessas precisões, "príncipe" designa o que se poderia chamar de lugar vazio do poder, e uma vez mais a melhor leitura é aquela que restitui o problema posto pela argumentação de Maquiavel: as condições da ação humana, submetidas aos ciclos da história, implicam que a obra visa um príncipe impossível, tal como dá a entender a fábula que *VCC* constitui e como sugere o velho *condottiere* Fabrizio Colonna no final de *AG* (VII).

Religião

It.: *Religione* – Fr.: *Religion*

* Desde o começo da difusão de sua obra, Maquiavel ganhou a reputação de ser um ateu cujo ensino seria perigoso para a salvação do Estado. Segundo Jean Bodin, no prefácio dos *Seis livros da República*, num único gesto o florentino colocaria nos fundamentos das repúblicas a impiedade, a injustiça e a tirania.

No entanto, a posição de Maquiavel a respeito da religião é complexa, não se resume à imagem com que a posteridade o revestiu: o pensamento maquiaveliano da religião concerne à análise política da situação italiana e ao exame do tipo específico de poder religioso, conclui pela necessidade de restaurar certas ordens religiosas e uma ideia do sagrado, alçando-se por fim à representação do curso da história mundial.

** Em primeiro lugar, durante suas missões diplomáticas, o florentino observou diretamente como os Estados pontificais tinham a capacidade de influir sobre os acontecimentos da crise italiana – é certo que nunca de forma definitiva, mas, geralmente, de maneira decisiva. Na análise dos tipos de principados que compõe o primeiro momento de *O príncipe*, há um lugar privilegiado reservado para o "principado eclesiástico", pois o capítulo XI está totalmente dedicado a ele (*De Principatibus ecclesiasticis*). Ora, como na realidade ele diz respeito a apenas um Estado existente no mundo (os Estados pontificais), pode-se notar que ele é por si só um gênero e uma espécie; sendo, aliás, o único caso para o qual Maquiavel constitui um tipo a partir de uma singularidade empírica. Cumpre ver nesse tratamento o reflexo do espanto do autor ante a realidade do poder da Igreja: adquiridos pela virtude ou pela fortuna, os principados eclesiásticos, "porque são obtidos por *virtù* ou por fortuna e são mantidos sem uma nem outra, uma vez que têm por base antigas ordenações religiosas [*sono substentati dalli ordini antiquate nella religione*], de tamanha potência e qualidade que conservam seus príncipes no estado, qualquer que seja o modo como procedam e vivam". Ora, se a especificidade desse principado advém do caráter excepcionalmente livre da vida que nele o príncipe pode levar, é porque a fonte de sua autoridade é de natureza superior. Será o caso de reconhecer paradoxalmente em Maquiavel o defensor da autoridade transcendente de Deus, da qual o papa seria o representante terreno? Na verdade, a continuação do capítulo XI se dedica a uma investigação sobre a escalada do poder pontifical, que favorece as manobras políticas visando enfraquecer as potências italianas e europeias em proveito próprio: o principado eclesiástico consagra uma situação que é certamente especial, mas cuja realidade é homogênea à mais comum das políticas de poder.

*** Por isso, devemos examinar de perto o modo como Maquiavel vê os chefes espirituais e os fundadores de religiões: o capítulo VI de *O príncipe*, em particular, ao destacar o talento de Moisés e qualificá-lo de "profeta armado", coloca-o no mesmo plano dos heróis fundadores de brilhantes civilizações, míticas é certo, mas que absolutamente não se inspiram em Deus e que se impuseram pelas armas (Teseu para Atenas, Rômulo para Roma e Ciro para a Pérsia, cf. também XXVI). É esse mesmo tema de uma virtude guerreira que encontramos nos *Discursos*: quem lê a Bíblia "de maneira inteligente" verá que, para fazer observar suas leis, Moisés foi obrigado a matar um grande número de hebreus, recalcitrantes à disciplina necessária para sobreviver durante o Êxodo (III, 30). Na religião há recursos políticos extraordinários, e foi isso que Moisés bem como os romanos compreenderam. Essa questão é desenvolvida no exame político da religião romana que podemos encontrar em *D*, I, 11-15: Numa Pompílio, inventor da religião romana, deve ser posto na mesma categoria do fundador Rômulo, pois a virtude dos romanos sempre encontrou em suas instituições religiosas um notável instrumento para mantê-la e regenerá-la. Por isso é que se deve levar a sério a declaração do *Discursus florentinarum rerum*: "Creio que o maior bem que se possa fazer, e o mais agradável a Deus, é aquele que se faz por sua pátria." A salvação da pátria é sagrada – uma religião que ensina e lembra isso aos homens é uma ferramenta política fundamental. O valor dessa ferramenta repousa na capacidade que essa religião tenha de estimular as paixões, sobretudo o amor à glória e o medo de morrer, e de garantir uma coesão sem igual (ver o papel reservado aos juramentos em *D*, I, 11 e 15, e *AG*, IV, 136).

Ora, é justamente porque ele convoca a abandonar a defesa da pátria e porque consegue aplacar o medo de morrer que o cristianismo recebe uma condenação inapelável: é acusado de ter "efeminado o mundo e desarmado o céu" (*D*, II, 2), declarando guerra à própria natureza por meio de armas espirituais e morais. É compreensível, então, o espanto de Maquiavel ante o êxito político da autoridade pontifical na época moderna. O sucesso da doutrina que fundamenta essa autoridade tampouco é o de um sistema normativo qualquer; a axiologia cristã é, com efeito, profundamente nociva à virtude autêntica. O cristianismo entorpeceu os homens de modo permanente. O exame paralelo das religiões pagã e cristã permite denunciar a segunda: o código de valores que ela promove só pode efetivamente gerar uma queda da energia guerreira; o cristianismo é responsável pelo enfraquecimento da virtude dos modernos. A modernidade cristianizada padece de uma estranha doença de languidez, cujo sintoma Maquiavel qualifica de "uma ambiciosa ociosidade" ou "uma preguiça orgulhosa" [*uno ambizioso ozio*, D, I, prólogo]. Os homens desaprenderam a defender seus bens e seu país em troca de uma promessa celerada, a de uma vida de beatitude depois da existência terrestre. Esboça-se aqui, porém, uma sutil alternativa. Ou bem o projeto de Maquiavel deve ser entendido como uma tentativa de filosofia pagã: trata-se de reavivar a virtude dos antigos, o que leva ao reconhecimento da inelutável superação do cristianismo e ao estabelecimento de valores estrangeiros e resistentes a sua influência. Ou então esse projeto consiste numa tentativa de "paganizar o cristianismo": a menção cheia de ironia da "piedosa crueldade" de Fernando de Aragão (*P*, XXI) vai além da ironia, sobretudo se a relacionarmos com a fórmula segundo a qual é possível "interpretar o cristianismo segundo a virtude", embora ele tenha sido até agora "interpretado segundo a preguiça" (como dá a entender *D*, II, 2). O que leva a pensar que essa religião aguarda o seu Moisés, profeta armado que fará entender que o ideal mais elevado é a liberdade nacional.

República

It.: *Republica/vivere civile/vivere politico* – Fr.: *République*

* Maquiavel serviu a república florentina durante catorze anos antes da derrota desta em 1512, e sua obra, composta *post res perditas*, traz o testemunho desse compromisso. Por isso ele

louva regularmente as qualidades do povo em comparação com os príncipes: embora seja possível que "o povo, muitas vezes enganado por uma falsa imagem de bem, deseje sua própria ruína" (*D*, I, 53), "os fins do povo são mais honestos que os dos grandes" (*P*, IX) e "os erros dos povos provêm dos príncipes" (*D*, III, 29). No entanto, Maquiavel é também o autor de *O príncipe*, que pode passar por manual para uso dos tiranos (oferecido, aliás, a Lourenço de Medici, o duque de Urbino, "príncipe" contrário à república). Esta é uma das principais dificuldades em torno da qual a crítica se divide, quando não *o* problema para quem se confronta com o pensamento do florentino: como conciliar as obras de tom republicano (os *Discursos* e a *História de Florença*) com *O príncipe*?

** Determinar os modos de ser e as instituições republicanas equivale a definir em que consistem os comportamentos exemplares do cidadão, mas também a natureza da liberdade. A república é, a rigor, o regime em que esta última desabrocha, definida, como na Antiguidade, como independência da cidade em relação às potências rivais e como participação cívica. Desse ponto de vista, há duas observações a fazer: por um lado, arrastado pela potente corrente de reflexão que anima Florença nos anos 1494-1530 (à qual se deve associar, por exemplo, o monge Savonarola, Francesco Guicciardini, Francesco Vettori e Donato Giannotti), Maquiavel desenvolve uma reflexão que versa a um só tempo sobre a arte de governar, sobre os princípios constitucionais (aristocracia, estado popular, monarquia ou governo misto, cf. principalmente *D*, I, 2) e sobre a delimitação da implicação cívica das diversas ordens sociais que compõem a cidade (nobres, burgueses e comerciantes, povo dos artesãos e "plebe" não representada, cf. principalmente *HF*, III, 1 e 9-18). Essa reflexão se apresenta como uma série de problemas que recebem respostas contrastantes entre si, sendo que a posição de referência de Maquiavel consiste em destacar as vantagens do governo misto, que reúne, sem jamais harmonizar, as tensões vivas da cidade. Por outro lado, em verdadeiros momentos oratórios que evocam o ideal republicano do humanismo cívico, Maquiavel por certo afirma o valor superior das cidades em que o bem comum triunfa sobre o bem privado (cf. *D*, I, 10; II, 2: "o que engrandece as cidades não é o bem individual, mas o bem comum [*il bene comune*]. E, sem dúvida, o bem comum só é observado nas repúblicas"; e *HF*, III, 5, o discurso do cidadão anônimo apaixonado pela liberdade de Florença). Porém, constata ademais que entre os homens não há espontânea nem naturalmente bem comum, com cada qual perseguindo seu interesse: "Os homens nunca fazem bem algum, a não ser por necessidade" (*D*, I, 3). A esse respeito, sua posição de referência consiste em afirmar que é o interesse de cada um, quando é bem compreendido, que permite determinar a "utilidade comum (ou pública)" [*utilità commune*, *D*, I, 2, 49; III, 34; *HF*, dedicatória; II, 22; III, 1); *publica utilità*, *D*, I, 8; III, 22; *AG*, I, 37; *HF*, III, 5; VII, 23; cf. também *utile publico*, *D*, III, 3; III, 25; *AG*, I, 17], segundo um tipo de expressão muito frequentemente empregado, princípio de coesão padrão que no entanto não contradiz o amor dos cidadãos por sua cidade, ele mesmo constantemente mencionado.

*** Essa análise complexa dos modos e instituições da república deve ser pensada à luz de elementos ainda mais perturbadores. Por um lado, cumpre admitir que segundo Maquiavel as repúblicas passam necessariamente "momentos principescos", em que a autoridade está concentrada nas mãos de apenas um (cf. *D*, I, 16-18; I, 34; I, 55). Por isso é provavelmente correto que o próprio *O príncipe* não constitua senão um momento de uma reflexão mais ampla sobre as repúblicas, momento que poderia se inserir entre os dezoito primeiros capítulos do livro I dos *Discursos* e a continuação dessa obra. Portanto, é impossível opor o terrível autor de *O príncipe* ao virtuoso autor republicano: as duas dimensões se comunicam permanentemente. Por outro lado, mesmo nas repúblicas, deve-se entender por *virtù* certa forma de poder ou certa relação com o poder. Na falta desse entendimento, várias manifestações da *virtù* dos romanos, tal como Maquiavel a apresenta, ficam incompreensíveis: enquanto alguns comentadores tentaram estabelecer que as guerras de conquista da república romana não passariam de uma tentativa de controlar uma situação externa desordenada e inquietante, o livro II dos

Discursos explica que elas eram necessárias para liberar as tensões internas à cidade, decorrentes de um regime republicano constantemente à beira da explosão social. Donde o radicalismo dos procedimentos utilizados pela república, que não podia escolher os meios: "E foi o que necessitaram fazer os príncipes quando começaram a expandir seus domínios, bem como as repúblicas, até que se tornassem poderosas e lhes bastasse apenas a força [...]. E, em seus primórdios, [Roma] não poderia ter usado de meios mais enganosos, conforme vimos acima, do que os usados para conseguir aliados; porque, com esse nome por disfarce, na verdade conseguiu servos: tal como o foram os latinos e outros povos que a rodeavam [...], fraude que é menos vituperável quando é mais encoberta, como foi essa dos romanos" (*D*, II, 13). A virtude republicana dos romanos aparece, pois, como um poder de agressão, às vezes sem medida, mas nunca sem controle, confrontado com poderes de agressão estrangeiros, amiúde descontrolados. Excetuando essa diferença, seria um contrassenso pensar que, por ser republicana, a virtude modelo dos romanos é para Maquiavel essencialmente diferente da de seus inimigos latinos, volscos ou samnitas. Pois, para entender as características da virtude, cumpre entender a concepção maquiaveliana da natureza: esta é homogênea (como há uma única natureza, há uma única virtude, cujos modos de expressão mudam), e não só diferente, mas sob certos aspectos literalmente oposta à do direito natural clássico dos humanistas e de Cícero. A natureza mais pura pode ser percebida no tipo do "quase bom selvagem" que o florentino retrata em *D*, I, 11 ("E, sem dúvida, quem hoje quisesse criar uma república encontraria mais facilidade nos montanheses, entre os quais não há civilidade [*dove non è alcuna civilità*], do que naqueles que estão acostumados a viver nas cidades, onde a civilidade é corrompida [*dove la civilità è corrotta*]"). O tipo histórico desse modelo é o dos antigos romanos e alguns elementos deles podem ser encontrados nos suíços contemporâneos de Maquiavel ("único povo que hoje vive segundo os costumes antigos tanto no que se refere à religião quanto às ordenações militares", *D*, I, 12, e carta a Vettori de 10 de agosto de 1513). A compreensão da cidadania republicana repousa, portanto, na desses rudes homens da montanha, cujas felizes disposições políticas naturais correspondem a costumes não civilizados. Francamente agressivo, o terrível povo suíço – o da batalha de Novara de 1513, regularmente evocada – é virtuoso porque seus representantes, modernos romanos, se inclinam naturalmente para as guerras de conquista, voltando depois de cada campanha a seus vales natais. O "natureza suíça" mostra que a virtude republicana mantém certa relação com o poder, relação que Maquiavel considera saudável e até salutar (cf. a expressão "república armada" [*republica armata*], em *P*, XII, e *D*, II, 4).

Variações

It.: *Mutazioni/variazioni* – Fr.: *Bouleversements*

* O universo de Maquiavel é o da crise. O florentino refletiu sobre as variações de sua época, afirmando que o mundo é estruturalmente habitado pela instabilidade. Por isso é que, a respeito da ação da fortuna, ele escreve que "o tempo e as coisas podem mudar" e que é necessário poder mudar com eles (*P*, XXV). Essa recomendação leva a questionar a relação entre as "coisas naturais", responsáveis pelas variações, e as "coisas humanas" [*Cose naturali/cose umane*], e, assim, a avaliar o poder da liberdade humana, mas também a levantar a difícil questão da influência da cosmologia maquiaveliana sobre sua teoria política.

** O conselho de mudar de comportamento conforme as circunstâncias foi muitas vezes interpretado apenas na perspectiva da arte de governar; foi então considerado um dos sinais mais indubitáveis do maquiavelismo, suficiente para desqualificar seu autor do ponto de vista moral. Mas ele concerne tanto à necessidade que o príncipe tem de enganar os homens quanto à de mudar conforme as circunstâncias num universo fundamentalmente instável (*P*, XVIII: "[O príncipe] precisa, portanto, ter o espírito preparado para voltar-se para onde lhe ordenarem os ventos da fortuna e as variações das coisas"). Ademais, as condições metafísicas que garantem a realização desse conselho são complexas: a questão está em saber se o homem pode "mudar de natureza" [*mutare natura*]. Parece, até, que "não podemos opor-nos àquilo a que a natureza nos inclina" (*D*, III, 9). No pensamento de Maquiavel, essa determinação do comportamento individual pela natureza assenta na importância conferida às paixões na expressão do caráter dos atores políticos. Desse ponto de vista, os homens estão literalmente confinados a suas condutas; a teoria maquiaveliana da ação inscreve-se num quadro rígido, que Maquiavel construiu desde 1506, como pode ser visto nos *Caprichos a Soderini* [*Ghiribizzi al Soderini*]. Portanto, o voluntarismo político (cf. *P*, XXVI) é afirmado juntamente com uma doutrina cosmológica que estabelece a sujeição do homem à ordem do mundo.

*** Cumpre examinar mais de perto a influência do "céu" nos assuntos humanos. Ora, ela não é pequena e evoca as teorias astrológicas correntes em Florença: o céu por vezes envia sinais para avisar os homens dos perigos iminentes (*D*, I, 56); ele provoca cataclismos naturais que destroem a espécie humana ou reduzem a um número ínfimo os habitantes de uma parte do mundo (*D*, II, 5; cf. *HF*, VI, 34); ele proíbe que alguns acontecimentos importantes sejam previsíveis, o que mostra seu poder nos assuntos humanos (*D*, II, 29), e urde planos contra o desejo dos homens de viver em paz (*HF*, II, 33). A própria vida das cidades é diretamente afetada por isso: "é determinado a partir de cima que [*egli è dato di sopra*], para que nas coisas humanas nada haja de perpétuo ou quieto, em todas as repúblicas há famílias fatais [*famiglie fatali*], que nascem para a sua ruína" (*HF*, III, 5). Logo, a história está cheia de "tormentos" para os homens [*travagli*] (cf., por exemplo, *D*, II, 29); e o conhecimento das causas celestes é para todo o sempre impossível (cf. *D*, I, 56: "a razão dessas coisas, creio, deve ser comentada e interpretada por alguém que tenha conhecimento das coisas naturais e sobrenaturais, o que não temos").

Deve-se concluir daí por um pessimismo fundamental de Maquiavel quanto ao projeto que anima sua obra: conseguir libertar a Itália e devolver a Florença parte de sua supremacia passada? É tentador afirmá-lo, porque, paralelamente à sua ação política pessoal e a despeito dos esforços realizados por seus contemporâneos, as respostas teóricas propostas pelo florentino assentam na afirmação de que tudo depende do acaso. O melhor capitão ou o príncipe mais virtuoso estão, quando surgem, submetidos às circunstâncias do estado do mundo. Mas, como a fortuna nunca é integralmente determinada, é possível tentar segui-la em vez de a ela se opor em vão; por isso é que "não sabendo qual é a finalidade dela, e visto que ela anda por vias oblíquas e desconhecidas, é preciso sempre ter esperança, e, esperando, não desistir" (D, II, 29). Poder-se-ia por fim dizer que a liberdade humana se apresenta como um fato, ele mesmo não dedutível da série que o precede. Se P, XXV, afirma que a fortuna só é responsável pela metade de nossos atos, é porque a virtude[1] se revela vez por outra um poder a mais, capaz de reorientar o curso das coisas por suas próprias forças. Embora a expressão se refira igualmente à medida relativa das paixões humanas, deve-se portanto entender que "virtude excessiva" [*eccessiva virtù*] qualifica a liberdade humana tendo em vista o que o céu decidiu (cf. *Capitolo de la fortune*; D, III, 19, 21 e 22): se a virtude de alguns príncipes é "excessiva" não é tanto relativamente àquela de que são capazes os homens normais, mas como fonte de um excesso que, no plano metafísico, fundamenta a possibilidade da liberdade política e alimenta a esperança de "libertar a Itália dos bárbaros" (P, XXVI).

1. Ver nota 1, p. 63.

Verdade

It.: *Verità* – Fr.: *Vérité*

* É importante restabelecer a intenção de verdade do pensamento maquiaveliano, o que implica entender suas formas operatórias, determinar o tipo de abstração a que ele recorre e delimitar suas ambições intelectuais. Maquiavel afirma: "sendo meu intento escrever uma coisa útil para quem a escuta, parece-me mais conveniente seguir a verdade efetiva da coisa [*andare drieto alla verità effettuale della cosa*] do que a imaginação sobre ela" (*P*, XV). É preciso evitar interpretar essa famosa declaração num sentido estritamente pragmático: que a verdade se queira "útil" não deve levar a considerar que seu único fruto seja esclarecer o que se decide no presente da ação; para além dessa interpretação reducionista, Maquiavel institui de fato um novo uso do pensamento, que tem a ambição de elaborar o regime de verdade mais apropriado para a ação política.

** A escrita da crise que se consolidou nos relatórios de legação permitiu elaborar formas metódicas amplamente utilizadas nas obras políticas da maturidade. Por um lado, o *Discurso aos Dez sobre os assuntos de Pisa* de 1499 emprega uma forma disjuntiva (caso queira retomar Pisa, Florença só pode utilizar "a força ou o amor") também encontrada na primeira frase de *P*, em que ela já não é utilizada no contexto da análise de uma situação particular, mas ganha uma amplidão máxima porque é aplicada ao domínio político na sua maior extensão ("Todos os estados, todos os domínios que tiveram e têm império sobre os homens foram e são ou repúblicas, ou principados", declara a frase liminar de *P*, I). Por outro lado, o relatório intitulado *Da maneira de tratar as populações rebeladas do Vale de Chiana*, de 1503, se refere a um episódio da história romana erigido à altura de um paradigma e, assim, destinado a guiar a decisão política no presente: é a forma analógica, articulada pela conjunção, que a primeira frase do *Príncipe* também articula. Fornece, ademais, a matriz do exercício do discurso (*discorso*), caracterizado por um ir e vir do espírito do passado para o presente, em geral entre uma situação política da Antiguidade estilizada pelo relato de um historiador antigo e uma situação moderna ou contemporânea. Aliás, é o uso permanente das ferramentas legadas pela historiografia clássica (notadamente o sistema dos personagens e de seus discursos) que fornece a Maquiavel o meio para constituir um pensamento que não se reduza a análises circunstanciais. Mas seu projeto tampouco se resume a uma série de notas marginais a Tito Lívio ou a Tácito: a tentativa de "raciocinar" sobre a realidade e a vontade de conhecer o presente e o futuro graças ao passado revelam a ambição de alcançar a compreensão das configurações políticas fundamentais, porque estruturais. Isso se evidencia tanto nos *Discursos* (cf., por exemplo, sobre as fundações I, 1 e 2; e sobre as conjurações, III, 6) quanto na *História de Florença* (cf. sobre as insurreições III, 13, e sobre a lógica do cesarismo, a ascensão ao poder de Cosimo de Medici em Florença, IV, 26-31, e VII, 1-6).

*** É certo que Maquiavel nunca especifica como empregar as duas formas metódicas, mas faz delas um uso tão constante que se pode falar de um verdadeiro racionalismo político, fazendo triunfar a clareza e a distinção ali onde reinam a escuridão e a confusão; nesse sentido, pode-se até descobrir sob sua pena uma espécie de profissão de fé ("Mas, seja como for, não acredito e nunca acreditarei ser defeito defender alguma opinião com razões [*con le ragioni*], sem o desejo de usar a autoridade ou a força", *D*, I, 58). Deve-se, aliás, ver a correspondência com Francesco Vettori, contemporâneo do *Príncipe* (1513-1515), como o laboratório de um pensamento que dá um novo sentido à palavra *ragionare* – confrontados com situações políticas absolutamente inimagináveis alguns anos antes, Maquiavel e seu correspondente devolvem à razão influência sobre o curso das coisas. Ora, no contexto florentino, "raciocinar" também significa "calcular". Trata-se, pois, de reaprender a dar golpes judiciosos num jogo que opõe, ao mesmo tempo, a adversários e ao acaso. O novo pensamento da política não pode ser considerado independentemente da arte de governar, de se impor a outrem no jogo político regido, em última instância, pela fortuna.

No entanto, é impossível reduzir o pensamento maquiaveliano a um caráter tão metódico: em primeiro lugar, a ambição que o anima não é apenas pragmática, mas, sempre realista, ela se caracteriza por um projeto teórico mais amplo (um bom exemplo disso é a sua teoria dos humores). Em segundo lugar, para retornar à prática, o problema é que a situação do homem no tempo obriga-o a saber variar incessantemente a fim de encontrar fortuna propícia; portanto, nenhuma regra pode valer de modo absoluto. Além disso, porém, essa mobilidade revela-se impossível pelo fato de que cada homem está como que aprisionado dentro dos limites de sua natureza idiossincrásica (cf. *D*, III, 9). Por fim, para Maquiavel a necessidade tem tamanho peso na condição humana que a razão muitas vezes deve lhe ceder o passo, e que ela representa a causa determinante da ação (cf. a fórmula de *D*, I, 6: "… a muitas coisas a que a razão não nos induz somos induzidos pela necessidade" ["… *a molte cose che la ragione non t'induce, t'induce la necessità*"]). Mas, se a teoria política não pode ter nenhuma autonomia em relação à necessidade, ela presta em contrapartida o serviço de esclarecer o modo como o homem a ela se submete comumente, e como ele pode receber dessa dura escola um ensinamento para a virtude.

Virtude[1]
It.: *Virtù* – Fr.: *Vertu*

* Um dos termos mais empregados por Maquiavel, e certamente o mais importante da obra. Podemos defini-la genericamente como a capacidade de levar a bom termo as empresas políticas e, como tal, reúne numa única palavra as qualidades que permitem triunfar no combate (às vezes ela é sinônimo de "força viril"), fundar um Estado, conseguir que súditos lhe concedam o poder e se manter no comando da nação. Sua tradução mais precisa é uma condição fundamental da compreensão do projeto de Maquiavel: "força viril", "coragem" ou "valentia" restituem apenas o sentido inicial herdado do latim (*vir*: homem); "talento" é insuficiente, "valor" neutro demais, embora ambos traduzam corretamente a ideia de que se trata de uma alta competência. "Virtude" é sem dúvida o melhor termo, pois, por um lado, põe a ênfase na significação não moral da noção (presente em francês quando se diz de uma planta que ela tem muita virtude, isto é, que as qualidades medicinais que dela se esperam nela se encontram plenamente), e com isso se subentende que Maquiavel realizou a emancipação da política em relação à moral comum; e, por outro, ele introduz um sutil equívoco, igualmente presente na obra: o florentino não só emancipou a política da moral, ele inverteu a relação que filósofos como Platão, santo Agostinho e são

Tomás tinham instituído entre elas; portanto, ele inventou a moral mais propícia para a política, ou então regenerou a moral por meio da política. Pode-se, por fim, definir a virtude como a faculdade de se confrontar com a fortuna e, mais exatamente, de se associar a ela, de encontrar nela recursos para alcançar êxito – a virtude, qualidade que permite triunfar pontualmente sobre a fortuna, é de certo modo o par humano dela.

** Para caracterizá-la com precisão, será necessário perceber a virtude de preferência como um conhecimento ou como um esforço? Ela é a um só tempo um e outro, mas também mais que um e outro. Maquiavel toma o cuidado de distingui-la da prudência [*prudenza*], na qual vê um conhecimento do que há de passional em operação na política, que permite antecipar certas possibilidades de desdobramento da ação. Sinônimo de "capacidade" em matéria de decisões importantes, a virtude consiste em dar prova de uma grande pertinência nas escolhas, mas ela não é exatamente uma inteligência clara e distinta da razão dessas escolhas (cf., por exemplo, *D*, I, 1, a respeito da determinação de um local apropriado para fundar uma cidade). Além disso, parece que Maquiavel desqualifica sutilmente as capacidades do juízo humano no que concerne às grandes decisões políticas. Prova disso é esta afirmação: "... os homens agem por necessidade ou por escolha; e como se vê que é maior a virtude onde haja menos escolhas [*si vede quivi essere maggior virtù dove la elezione ha meno autorità*]" (*D*, I, 1; em II, 12, e em III, 12, ele explica em que medida, no combate, a necessidade engendra a virtude). De certo modo, o virtuoso o é porque no momento certo ele opta pela necessidade contra a deliberação. Senso da situação política, a virtude terá parentesco com a "opinião reta" [*orthè doxa*] de que Platão fala para qualificar a retidão na ação que não tem explicação (cf., por exemplo, *Mênon*, 96 e-100 c).

Nessas condições, será antes uma espécie de esforço? Com certeza, mas várias vezes Maquiavel a distingue implicitamente da "indústria" [*industria*], ou capacidade de empregar os esforços necessários para a realização de uma empresa (cf., por exemplo, *P*, III). Portanto, na virtude há algo mais além desses esforços, condições insuficientes para triunfar: ela deve ser entendida como uma energia de conquista capaz de discernimento nas escolhas e de invenção nas soluções. Ela é naturalmente excesso, com Maquiavel empregando em várias ocasiões a expressão "*eccessiva virtù*" (cf. *Capitolo di Fortuna*; *D*, II, 2; III, 19, 21 e 22; também emprega os termos "virtude extraordinária" [*istraordinaria virtù*] para qualificar o mesmo fenômeno em *D*, I, 33, e III, 21). Isso significa que, como excedente de força e fonte de inovação, suas realizações não podem ser deduzidas da série de ações do virtuoso, ninguém consegue antecipá-las, quiçá nem mesmo seu autor (é a impressão que se tem do modo como Maquiavel refletiu e reescreveu em várias oportunidades o episódio da execução de Rimirro de Orco por César Bórgia, cuja última versão está em *P*, VII).

*** Já podemos perceber em que consiste a radicalidade do projeto maquiaveliano. A virtude é uma capacidade de transcender os limites habituais da humanidade, o que é indicado em *P*, XVIII, onde se explica que ela só poderia ser ensinada por um ser híbrido, como o era o centauro Quíron, metade homem, metade animal. Ela é excelência política neste sentido: para manter o Estado ou salvar a pátria, é necessário saber animalizar-se em parte. "Devemos, pois, saber que existem dois gêneros de combate: um com as leis e outro com a força. O primeiro é próprio do homem, o segundo, dos animais. Porém, como frequentemente o primeiro não basta, convém recorrer ao segundo. Portanto, é necessário ao príncipe saber usar bem tanto o animal quanto o homem [...], deve escolher a raposa e o leão, porque o leão não tem defesa contra os laços, nem a raposa contra os lobos. Precisa, portanto, ser raposa para conhecer os laços e leão para aterrorizar os lobos" (*P*, XVIII; e a respeito do imperador Severo, "ferocíssimo leão e uma astutíssima raposa", XIX).

Nesse ponto, é indispensável prestar atenção ao emprego dado à noção de ferocidade [*ferocità*]: Maquiavel a emprega constantemente para qualificar a virtude. O comportamento virtuoso em política lembra em certa medida o dos animais ferozes, vários textos o afirmam enfatizando o comportamento parcialmente bestial dos personagens considerados modelos de virtude: César Bórgia é caracterizado por tal disposição (*P*, VII); os romanos são um povo "muito feroz" (*D*, I, 11), que tiveram a sorte de ter na pessoa de Rômulo um primeiro rei, ele mesmo cheio de ferocidade (*D*, I, 19); o papa Júlio II é incapaz de "pôr um freio à sua alma feroz" (*Segunda decenal*); e Castruccio Castracani, *condottiere* de Lucca, que poderia ter se igualado aos maiores príncipes, conseguiu em pouco tempo tornar-se uma espécie de centauro devido à sua capacidade de domar "todos os mais ferozes cavalos" (*VCC*). Parece que é pela prova da necessidade que se obtém essa disposição (cf. o exemplo dos habitantes da Inglaterra, expulsos de seu país, que, "expulsos de sua pátria, tornaram-se por necessidade ferozes", *HF*, I, 2), e ela faz pensar na significação da virtude tal como a entendiam os antigos (quem quiser imitá-los terá de aceitar passar por fera aos olhos dos modernos, diz *AG*, I, 8). Em todo caso, Maquiavel deplora explicitamente a falta de ferocidade de seus contemporâneos (*Capitolo dell'ambitione*): é um indício que atesta o desaparecimento da virtude na época moderna. Recuperar a *antica virtù* e poder voltar a ser livre implica conceder o seu devido lugar à ferocidade.

Força capaz de unir a violência animal e a inventividade humana, a virtude é, além disso, normativa, ela impõe valores aos homens e à fortuna, à qual ela se dedica a dar uma forma. Convém, por conseguinte, refletir sobre o alcance axiológico do projeto maquiaveliano. A esse respeito, a virtude do príncipe e a do cidadão ou do dirigente republicano devem ser consideradas de modo homogêneo, pois em ambos os casos o florentino faz apelo a uma reorientação da moral política, que passa pela mobilização da maior resolução possível de ser encontrada no homem; mesmo as repúblicas são obrigadas a "matar os filhos de Brutus" (*D*, III, 3). Trata-se de "mirar o mais elevado", segundo a metáfora do arqueiro empregada em *P*, VI, idealizando um modelo de virtude quase sobre--humano e associando a ele os nomes de fundadores de civilizações como Moisés, Rômulo, Ciro e Teseu. Por isso, os frequentes desmentidos do "caminho do meio" [*via del mezzo*] têm um profundo alcance moral (cf. sobretudo *D*, II, 23, e III, 40): o ideal aristotélico do "justo meio" recebe uma condenação inapelável em prol de uma nova hierarquia dos valores.

1. Nas edições utilizadas para traduzir as passagens da obra de Maquiavel citadas neste vocabulário preferiu-se manter *virtù* no original, por ser um termo de interpretação polêmica e variada. Entretanto, o modo como o autor interpreta o termo neste vocabulário exige que se traduza *virtù* pelo equivalente em português, "virtude", que tem as mesmas significações da palavra francesa "vertu" para a qual ele justifica a tradução.

BIBLIOGRAFIA

Obras de Maquiavel (e abreviações)
Il Principe, a cura di G. Inglese, Turim, Einaudi, 1995 (abrev. *P*). [*O príncipe*]
Discorsi sopra la prima deca di Tito-Livio, a cura di G. Inglese, Milão, Rizzoli, 1984, 3.ª ed. 1996 (abrev. *D*). [*Discursos sobre a primeira década de Tito Lívio*]
Arte della guerra (abrev. *AG*) e *Discursus florentinarum rerum post mortem iunioris Laurentii Medices* (abrev. *Discursus*), em *Opere*, vol. I, a cura di C. Vivanti, Turim, Einaudi, 1997. [*A arte da guerra*]
"Vita di Castruccio Castracani da Lucca" em *Tutte le Opere*, a cura di M. Martelli, Florença, Sansoni, 1971, 3.ª ed. 1992 (abrev. *VCC*).
Istorie florentine, a cura di G.-B. Niccolini, Florença, Le Monnier, 1857, reedição com uma introdução de E. Garin, 1990 (abrev. *HF*). [*História de Florença*]
Lettere a Francesco Vettori e a Francesco Guicciardini, a cura di G. Inglese, Milão, Rizzoli, 1989, 2.ª ed. 1996.

Obras de Maquiavel em francês
Oeuvres, traduzidas e apresentadas por C. Bec e F. Verrier, Paris, Robert Laffont, 1996.
Toutes les Lettres, traduzidas e apresentadas por E. Barincou, prefácio de J. Giono, 2 volumes, Paris, Gallimard, 1955.
L'Art de la Guerre, tradução de Guiraudet, apresentação de H. Mansfield Jr., Paris, Garnier-Flammarion, 1991.
Le Prince, tradução e apresentação de Th. Ménissier, Paris, Hatier, 1999.
De Principatibus. Le Prince, tradução e apresentação de J.-L. Fournel e J.-C. Zancarini, Paris, PUF, 2000 (edição bilíngue com texto italiano estabelecido por Giorgio Inglese).

Le Prince, tradução e apresentação de M. Gaille-Nikodimov, Paris, Le livre de poche, 2000.
Uma tradução dos *Discours sur la première décade de Tite-Live* está no prelo pela editora Gallimard, de A. Fontana e X. Tabet.

Obras críticas
Gérard Colonna d'Istria e Roland Frapet, *L'art politique chez Machiavel*, Paris, Vrin, 1980.
Emanuele Cutinelli-Rèndina, *Introduzione a Machiavelli*, Roma-Bari, Laterza, 1999.
Jean-Yves Goffi, *Machiavel*, Paris, Ellipses, 2000.
Hervé Guineret, *Machiavel. Le Prince*, "De la liberté des peuples" (capítulos XII a XIV), Paris, Ellipses, 2000.
Thierry Ménissier, *Machiavel, la politique et l'histoire. Enjeux philosophiques*, Paris, PUF, 2001.
Gennaro Sasso, *Niccolo Machiavelli*, volume I: Il pensiero politico, vol. II: La storiografia, Bolonha, Il Mulino, 1993.
Leo Strauss, *Pensées sur Machiavel*, trad. fr. Paris, Payot, 1982.
Yves Charles Zarka (org.), *Machiavel ou la maîtrise de l'urgence*, número especial da revista *Les Archives de philosophie*, Paris, Beauchesne, tomo 62, caderno 2, abril-junho 1999.
Yves Charles Zarka e Thierry Ménissier (org.), *Machiavel, Le Prince ou le nouvel art politique*, Paris, PUF, 2001.

Obras de Maquiavel em português
A arte da guerra, São Paulo, Martins Fontes, 2007.
A história de Florença, São Paulo, Martins Fontes, 2007.
Discursos sobre a primeira década de Tito Lívio, São Paulo, Martins Fontes, 2007.
O príncipe, São Paulo, WMF Martins Fontes, 4ª ed., 2010.

Nota sobre as citações das obras de Maquiavel
Neste *Vocabulário*, foram utilizadas as edições das editoras Martins Fontes e WMF Martins Fontes para substituir por citações em português as citações em francês do original. Quando essa substituição conflitava com a interpretação do autor, indicamos em nota essa dificuldade. Foi retirada a paginação da edição francesa e, como os capítulos de Maquiavel são, geralmente, curtos, foram indicados apenas o livro e o capítulo, exceto para *Arte da guerra*, para o qual foi indicada também a página.
Nos textos sem tradução para o português, também foi retirada a paginação. Nesses casos, indicamos apenas o título, sem o número de página.

LISTA DOS TERMOS EM PORTUGUÊS

Amigos 9
Autoridade 10
Conselho 13
Desejo 16
Estado 18
Extraordinário 21
Fortuna 24
Guerra 26
História 29
Humores 32
Imitar 34
Instituições 37
Natureza e necessidade 39
Paixões 42
Príncipe e principado 44
Religião 47
República 50
Variações 54
Verdade 56
Virtude 59

LISTA DOS TERMOS EM ITALIANO

Amici	9
Autorità	10
Consiglio	13
Desiderio	16
Fortuna	24
Guerra/conflitto	26
Imitare	34
Istoria	29
Mutazioni/variazioni	54
Natura e necessità	39
Ordini	37
Passioni	42
Principe e principato	44
Religione	47
Republica/vivere civile/vivere politico	50
Stato	18
Straordinario	21
Umori	32
Verità	56
Virtù	59

LISTA DOS TERMOS EM FRANCÊS

Amis 9
Autorité 10
Bouleversements 54
Conseil 13
Désir 16
État 18
Extraordinaire 21
Fortune 24
Guerre 26
Histoire 29
Humeurs 32
Imiter 34
Institutions 37
Nature et nécessité 39
Passions 42
Prince et principauté 44
Religion 47
République 50
Vérité 56
Vertu 59

IMPRESSÃO E ACABAMENTO
YANGRAF
GRÁFICA E EDITORA LTDA.
WWW.YANGRAF.COM.BR
(11) 2095-7722